教科書ガイド

啓林館 版

ランドマーク フィット
English Communication I

T E X T
B O O K
G U I D E

文研出版

はしがき

本書は，啓林館発行の高等学校・英語コミュニケーションⅠの教科書「LANDMARK Fit English Communication Ⅰ」に準拠した教科書解説書として編集されたものです。教科書の内容がスムーズに理解できるよう工夫されています。予習や復習，試験前の学習にお役立てください。

本書の構成

各 Lesson	
ポイント	本文の内容把握に役立つ質問を提示。
教科書本文	教科書各 Part の本文とフレーズ訳を掲載。 使用する記号： ・スラッシュ (/)　意味上の句切れや語句のまとまりを示す ・①②③ …　各文の通し番号
単語・熟語チェック	教科書の新出単語・熟語を，教科書の出現順に掲載。 使用する記号： 名 名詞　代 代名詞　形 形容詞 副 副詞　動 動詞　助 助動詞 前 前置詞　接 接続詞　熟 熟語 間 間投詞
Check Up! ヒント	正解に導くためのヒントとして，質問文の日本語訳と本文での該当箇所を提示。
Sum Up! ヒント	正解に導くためのヒントとして，空所以外の日本語訳を提示。
読解のカギ	本文を理解する上で説明を要する部分をわかりやすく解説。また，関連問題に挑戦できる **Q** を設置。
Grammar	新出文法事項をわかりやすく解説。
Finish Up! ヒント	正解に導くためのヒントとして，空所以外の日本語訳と本文の該当箇所を提示。
OUTPUT ヒント	正解に導くためのヒントを掲載。 難読語句は **単語・熟語チェック** で意味を提示。
定期テスト予想問題	定期テストの予想問題を掲載。各 Lesson 範囲の文法事項や本文の内容を問う問題を出題。

※本書では，教科書本文の全訳や問題の解答をそのまま掲載してはおりません。

Contents

Lesson 1 Enjoy Your Journey!

PART 1

ポイント 「チャレンジリスト」とは何でしょうか。

① Welcome aboard! // ② Are you ready to take yourself on a journey? //
ようこそ！ // 旅に出る準備はできている？ //

③ You are now / in a new stage of your life. // ④ What do you want to do? //
君は今いる / 人生の新たな段階(ステージ)に // 君は何をしたい？ //

⑤ This question may be difficult / for you. // ⑥ Don't worry. // ⑦ Just start /
この質問は難しいかもしれないね / 君にとって // 心配はいらないよ // まずは始めてみて /

with something small and familiar. // ⑧ For example, / "make many friends," /
ささいなことや身近なことから // 例えば /『たくさんの友だちをつくる』ことや /

"become a regular club member," / or "learn three new English words each day." //
『部活のレギュラーになる』こと / 『1日に3つの新しい英単語を覚える』こと //

⑨ See? // ⑩ You can do many things. // ⑪ Next, / write them down, /
ほらね？ // 君はたくさんのことができる // じゃあ / それらを書き留めてみて /

and you will have your own "Challenge List"! //
そうすれば君自身の『チャレンジリスト』が持てるよ！ //

単語・熟語チェック

- □ **journey** 名 旅
- □ **challenge** 名 挑戦
- □ **aboard** 副 (船・飛行機・電車などに)乗って
- □ **Welcome aboard!** 熟 ようこそ！
- □ **be ready to *do*** 熟 ~する準備ができている
- □ **take *oneself* on a journey** 熟 旅に出る
- □ **stage** 名 段階，局面
- □ **Don't worry.** 熟 心配はいらないよ。
- □ **start with ~** 熟 ~から始める
- □ **familiar** 形 身近な
- □ **regular** 形 レギュラーの
- □ **See?** 熟 ほらね？[わかった？]
- □ **write down ~** 熟 ~を書き留める

Check Up! ヒント

1. Where are you now?
(あなたは今, どこにいますか。) →本文③

2. What are examples of the things you may want to do?
(あなたがしたいと思うかもしれないことの例は何ですか。) →本文⑧

3. What will you have when you write down the things you want to do?
(あなたがしたいことを書き留めると, 何を持つことになるでしょうか。) →本文⑪

Sum Up! ヒント

人生の新たな段階で，君は何を(　　)のか。これは(　　)質問かもしれないが，ささいなことや(　　)ことから始めてください。君はたくさんのことができる。じゃあ，それらを(　　)ください。そうすれば，それが君自身の「チャレンジリスト」になる。

読解のカギ

② **Are you ready to take yourself on a journey?**

➡ be ready to *do* で「～する準備ができている」という意味。*do* に動詞の原形を置く。

➡ take *oneself* on a journey で「旅に出る」という意味。主語に合わせて *oneself* の部分に入れる語を変える。

Q1. 日本語にしなさい。

We are ready to go out for dinner.

(　　　　　　　　　　　　　　　　　　　　　　　　　　　　)

④ **What do you want to do?**

➡ 〈to＋動詞の原形〉で「～すること」という意味。不定詞の名詞的用法。〈want to＋動詞の原形〉で「～することを欲する」，つまり「～したい」という意味。文法詳細 p.10

Q2. ＿＿ を埋めなさい。

あなたは今，何が飲みたいですか。

What do you ＿＿＿＿＿＿ ＿＿＿＿＿＿ ＿＿＿＿＿＿ now?

⑤ **This question may be difficult for you.**

➡ This question は④の質問を指す。

⑦ **Just start with something small and familiar.**

➡ start with ～で「～から始める」という意味。「～」には名詞を置く。

➡ something を修飾する形容詞は直後に置く。

Q3. 並べかえなさい。

何か簡単なものから始めなさい。Just (with / easy / start / something).

Just ＿＿＿＿＿＿＿＿＿＿＿＿＿＿＿＿＿＿＿＿＿＿＿＿＿＿＿＿.

⑪ **Next, write them down, and you will have your own "Challenge List"!**

命令文＋, and ... 「～しなさい，そうすれば…」

➡ write down ～で「～を書き留める」という意味。「～」の語が代名詞のときは，この文のように write ～ down という語順にする。them は⑩の many things を指す。

➡ 命令文の後に , and を置いて「～しなさい，そうすれば…」という意味を表す。

Q4. 日本語にしなさい。

Study hard, and you will get a good score on your test.

(　　　　　　　　　　　　　　　　　　　　　　　　　　　　)

読解のカギ Qの解答　**Q1.** 私たちは夕食に出かける準備ができている。　**Q2.** want to drink
Q3. (Just) start with something easy (.)　**Q4.** 一生懸命に勉強しなさい，そうすればあなたはテストでいい点が取れるでしょう。

PART 2

ポイント どうして考えを書き留めるのでしょうか。

① You may think, / "Write down ideas? / Why?" // ② This is because / just
君は思うかもしれない / 「考えを書き留める？ / なぜ？」と // これは～だからだ / ただ

having ideas / in your head / is not enough. // ③ If you write them down, / they
考えを持つだけでは / 頭の中に / 十分ではない // もしそれらを書き留めると /

will become more vivid. // ④ If you make a list, / you can change your thoughts
それらはより鮮明になるだろう // もしリストを作れば / 君は考えを行動へと移すことが

into actions! // ⑤ Imagine / that you want to play the guitar. // ⑥ You write it down /
できる！ // 想像してみて / 君はギターが弾きたいのだと // 君はそれを書き留める /

on your "Challenge List." // ⑦ First, / you learn the guitar chords. // ⑧ Then, / you
君の「チャレンジリスト」に // まず / 君はギターのコードを学ぶ // そのあと / 君は

start saving money, / and buy a guitar. // ⑨ Six months later, / you may perform /
お金を貯め始める / そしてギターを買う // 6ヵ月後 / 君は演奏するかもしれない /

on stage / at a school festival. //
舞台で / 文化祭の //

単語・熟語チェック

□	**This is because ～ .**	熟 これは～だからです。
□	**enough**	形 十分な
□	**vivid**	形 鮮明な
□	**change *A* into *B***	熟 *A*を*B*に変える
□	**thought**	名 考え
□	**action**	名 行動
□	**imagine**	動 ～することを想像する
□	**chord**	名 コード
□	**perform**	動 演奏する

Check Up! ヒント

1. What will happen if you write down your ideas?
(あなたが考えを書き留めたら何が起こるでしょうか。) →本文③

2. What can you do if you make a list?
(あなたがリストを作ったら何ができるでしょうか。) →本文④

3. What do you do when you want to buy a guitar?
(あなたがギターを買いたいとき，何をしますか。) →本文⑧

Sum Up! ヒント

ただ頭の中に考えを持つだけでは(　　)ではない。もしそれらを(　　)たら，(　　)鮮明になるだろう。もし(　　)を作ったら，君の(　　)を行動に変えることができる。もし君がギターを弾きたいのなら，ギターのコードを学ぶことから始めることができる。

読解のカギ

② **This is because just having ideas in your head is not enough.**
S（just having ideas in your head）V（is）C（enough）

➡ 〈This is because ～.〉で「これは～だからです」という意味。
➡ This は①の write down ideas を指す。
➡ having は「～持つこと」という意味の動名詞。 文法詳細 p.11

Q1. 日本語にしなさい。

I am absent from school today. This is because I am sick.
私は今日，学校を欠席している。(　　　　　　　　　　)

③ **If you write them down, they will become more vivid.**
➡ them, they はどちらも②の ideas を指す。
➡ more vivid は比較級で「より鮮明な」という意味。

Q2. ____ を埋めなさい。

私はこの物語のほうがより身近だと感じます。
I feel this story is ____________ familiar.

④ **If you make a list, you can change your thoughts into actions!**
➡ change *A* into *B* で「*A* を *B* に変える」という意味。この文では your thoughts が *A*, actions が *B* にあたる。

Q3. 並べかえなさい。

The new teacher (into / the boring class / changed) an interesting one.
The new teacher ______________________________ an interesting one.

⑥ **You write it down on your "Challenge List."**
➡ it は⑤の you want to play the guitar を指す。

⑧ **Then, you start saving money, and buy a guitar.**
S（you）V（start）O（saving money）

➡ 動名詞 saving money が start の目的語となっている。「～することを始める」，つまり「～し始める」という意味。 文法詳細 p.11

Q4. 日本語にしなさい。

I started learning Chinese recently.
(　　　　　　　　　　)

読解のカギ Qの解答 **Q1.** これは私が病気だからだ。 **Q2.** more
Q3. (The new teacher) changed the boring class into (an interesting one.)
Q4. 私は最近中国語を習い始めた。

PART 3

ポイント どうやって目標を達成しますか。

① "I want to climb Mt. Everest!" // ② This was on the "Challenge List" / of a
「私はエベレストに登りたい！」 // これが「チャレンジリスト」にあった /

17-year-old high school student. // ③ It is a very big goal, isn't it? // ④ So, / she
17 歳の高校生の // とても大きな目標だろう？ // だから / 彼女

started / with many small challenges / to achieve her goal. // ⑤ Two years later, /
は始めた / たくさんの小さな挑戦から / 彼女の目標を達成するために // 2 年後 /

she was on top of Mt. Everest! //
彼女はエベレストの頂上にいた！ //

⑥ It's easy / to make a list! // ⑦ First, / think of an answer / to the following
簡単だ！ / リストを作ることは // まず / 答えを考えて / 次の質問

question. // ⑧ "What do YOU want to do / now and in the future?" // ⑨ Anything
への // 「君は何がしたい？ / 今，そして将来」 // 何でもかま

is okay. // ⑩ Second, / make a list, / and believe / that you can achieve it. //
わない // 2 番目に / リストを作って / そして信じるんだ / 君はそれを達成できると //

⑪ Third, / try to make progress / toward your goal every day, / step by step / and
3 番目に / 前に進むよう努力して / 毎日君の目標に向けて / 1 歩ずつ /

little by little. // ⑫ Finally, / ENJOY your journey! // ⑬ Bon voyage! //
そして少しずつ // 最後に / 君の旅を楽しんで！ // よい旅を！ //

単語・熟語チェック

□ **achieve**	動 ～を達成する	□ **make progress toward ～**	熟 ～に向かって前進する
□ **climb**	動 ～に登る	□ **step by step**	熟 1 歩ずつ
□ **-year-old**	形 (…)歳の	□ **little by little**	熟 少しずつ
□ **top**	名 頂上	□ **finally**	副 ついに
□ **progress**	名 進歩	□ **Bon voyage!**	熟 よい旅を！
□ **toward**	前 (…に)向かって		

Check Up! ヒント

1. What did the high school student write on her "Challenge List"?
(その高校生は「チャレンジリスト」に何を書きましたか。) →本文①

2. What did she do to achieve her big goal?
(彼女は大きな目標を達成するために何をしましたか。) →本文④

3. How do you make progress toward your goal?
(目標に向かってどのように前進しますか。) →本文⑪

Sum Up! ヒント

高校生の少女がしたように，君自身の「チャレンジリスト」を作ろう！ まず，今，そして将来君がしたいことを(　　)，リストを作る。それから，君はそれを達成できると(　　)。

次に，君の目標に向かって(　　)するよう努力する。最後に，旅を(　　)。

読解のカギ

② **This was on the "Challenge List" of a 17-year-old high school student.**

➡ This は①の文全体を指す。

③ **It is a very big goal, isn't it?**

➡ , isn't it? のような形を付加疑問文と言い，「～ですよね」と相手に同意を求めたり念を押したりするときに使う。この文のように，肯定文に付加疑問文を付けるときは，「,(コンマ)+(助)動詞の否定形+主語」を文末に付ける。

Q1. 並べかえなさい。

それはすてきな考えですよね。(is / isn't / a nice idea / , / it / it)?

____?

④ **So, she started with many small challenges to achieve her goal.**

➡ start with ～は「～から始める」という意味。

➡ to achieve は，〈to + 動詞の原形〉で「～するために」という意味を表す不定詞の副詞的用法。 文法詳細 p.12

Q2. 日本語にしなさい。

We went to Kyoto to visit some temples.

(　　　　　　　　　　　　　　　　　　　　　　　　)

⑥ **It's easy to make a list!**

➡ 〈it is ～ to ...〉で「…することは～だ」という意味を表す。

Q3. 並べかえなさい。

(is / get up / it / early / hard / to) in the morning.

____ in the morning.

⑪ **Third, try to make progress toward your goal every day, step by step and little by little.**

➡ try to *do* は「～しようとする」という意味。

➡ make progress toward ～は「～に向かって前進する」という意味。

➡ step by step は「1 歩ずつ」，little by little は「少しずつ」という意味。

読解のカギ Q の解答　**Q1.** It is a nice idea, isn't it(?)　**Q2.** 私たちはいくつかの寺を訪れるために京都へ行った。
Q3. It is hard to get up early (in the morning.)

Grammar

G-1 不定詞の名詞的用法

▶不定詞の名詞的用法とは

〈to＋動詞の原形〉の形で名詞の働きをして，「(これから)～すること」という意味を表す。文中で主語・補語・目的語の働きをする。これを不定詞の名詞的用法という。

不定詞が主語の働きをする

To get enough sleep is important.（十分に睡眠をとることが大切だ。）
主語 動詞

➡ To get enough sleep が主語の働きをしている。

不定詞が補語の働きをする

Her dream is to be a singer.（彼女の夢は歌手になることだ。）
主語 補語

➡ to be a singer が補語の働きをしている。

➡ 補語は，主語である Her dream がどのようなものであるかを説明している。

不定詞が目的語の働きをする

I hope to go to university.（私は大学に行くことを希望しています。）
動詞 目的語

➡ to go to university が，動詞 hope の目的語の働きをしている。

➡ 目的語の働きをする「～すること」という意味は，動名詞(動詞の -ing 形)でも表せる。ただし，動詞の中には，不定詞のみを目的語とするものがある。下記のような例がある。

I want to study in Canada.（私はカナダで勉強したいです。）
My brother wishes to see the actor.（私の兄はその俳優に会いたいと思っています。）
John decided to buy this cap.（ジョンはこの帽子を買うことに決めました。）

hope to＋動詞の原形	～することを希望する
want to＋動詞の原形	～したい
wish to＋動詞の原形	～したいと思う
decide to＋動詞の原形	～することに決める

G-2 動名詞

▶動名詞とは

〈動詞の -ing 形〉は名詞の働きをして，「～すること」という意味を表す。これを動名詞という。動名詞は，文中で主語・補語・目的語・前置詞の目的語になる。

動名詞が主語の働きをする

Playing basketball is fun.　(バスケットボールをすることは楽しい。)
主語（Playing basketball）　動詞（is）

➡ Playing basketball が主語の働きをしている。
➡ 動名詞の主語は単数扱いをする。この文の場合，be 動詞には is を用いる。

動名詞が補語の働きをする

My favorite pastime is watching movies.
主語（My favorite pastime）　補語（watching movies）
(私のいちばん好きな娯楽は映画を見ることです。)

➡ watching movies が補語の働きをしている。
➡ 補語は, 主語である My favorite pastime がどのようなものであるかを説明している。

動名詞が目的語の働きをする

I like listening to music.　(私は音楽を聴くことが好きです。)
動詞（like）　目的語（listening to music）

➡ listening to music が，動詞 like の目的語の働きをしている。
➡「～すること」という意味の目的語は，不定詞の名詞的用法でも表せる。like や start，begin などは，動名詞も不定詞も目的語とすることができる。
➡ 下記の動詞は，動名詞のみを目的語とする。

enjoy *doing*	～することを楽しむ
finish *doing*	～することを終える
stop *doing*	～することをやめる

動名詞が前置詞の目的語の働きをする

Thank you for coming today.　(今日は来てくれてありがとう。)
前置詞（for）　前置詞の目的語（coming today）

➡ coming today が，前置詞 for の目的語の働きをしている。
➡ 前置詞の直後に「～すること」という意味の語句を置く場合は，不定詞ではなく，動名詞を置く。

G-3 不定詞の副詞的用法

▶不定詞の副詞的用法とは

〈to＋動詞の原形〉が副詞の働きをして，動詞・形容詞などを修飾する用法を不定詞の副詞的用法という。不定詞の副詞的用法には，「～するために」という〈目的〉を表す意味と，「～して…」という〈感情の原因〉を表す意味がある。

目的を表す

I got up early to catch the 6:30 train.（to catch the 6:30 train → got up early：動詞を修飾）

（私は6時30分の電車に乗るために早く起きた。）

➡ 不定詞が「～するために」という〈目的〉を表し，動詞を修飾している。

感情の原因を表す

I'm happy to see you.（私はあなたに会えてうれしい。）（to see you → happy：形容詞を修飾）

➡ 不定詞が「～して…」という〈感情の原因〉を表し，形容詞を修飾している。

He is glad **to receive** the letter.（彼はその手紙を受け取ってうれしい。）

I am sorry **to hear** the news.（私はその知らせを聞いて残念だ。）

My sister was surprised **to find** the book.（私の姉はその本を見つけて驚いた。）

Mary was sad **to lose** the hat.（メアリーはその帽子をなくして悲しかった。）

➡〈感情の原因〉を表す不定詞とともに用いられる形容詞には以下のようなものがある。

be happy[glad] to *do*	～してうれしい
be sorry to *do*	～して残念だ，～して申し訳ない
be surprised to *do*	～して驚く
be sad to *do*	～して悲しい

不定詞の形容詞的用法

▶不定詞の形容詞的用法とは

不定詞が名詞を修飾し，「～する(ための)」という意味を表す用法を不定詞の形容詞的用法という。

名詞を修飾する

Luckily, he had friends to help him.（to help him → friends：名詞を修飾）

（幸運なことに，彼には彼を助けてくれる友人がいた。）

I have a lot of things to do today.（to do → a lot of things：名詞を修飾）

（今日，私にはするべきことがたくさんある。）

➡ 不定詞が「～する(ための)」という意味を表し，後ろから名詞を修飾している。

Finish Up! ヒント

1. 「ささいなことや(　　)ことから始めなさい。」形容詞が入る。
(教 p.12, ℓℓ.4 ～ 5)
2. 「君自身の『(　　)リスト』！」名詞が入る。
(教 p.12, ℓ.9)
3. 「より(　　)」形容詞が入る。
(教 p.14, ℓℓ.3 ～ 4)
4. 「私はエベレストに(　　)たい。」動詞が入る。
(教 p.16, ℓ.1)
5. 「(　　)歳」数字が入る。
(教 p.16, ℓℓ.5 ～ 6)
6. 「リストを作りなさい，そしてそれを達成できると(　　)。」動詞が入る。
(教 p.16, ℓℓ.10 ～ 11)
7. 「君の旅を(　　)！」動詞が入る。
(教 p.16, ℓ.13)

OUTPUT ヒント

Listen

Risa: 「それぞれの(　　)の(　　)をすること。」
「母の代わりに(　　)の後，(　　)を洗うこと。」

Daisuke: 「(　　)人々に(　　)であること。」
「父の代わりにごみを(　　)こと。」

garbage は「ごみ」という意味。

Write&Speak

例

1. No absence from school.
2. Try an unfamiliar sport.
3. Read 100 books in a year.
4. Make friends overseas.

Interact

例

Memo:
He wants to get good scores on tests.
Questions:
How long do you study every day?
What is the secret to good scores on tests?

定期テスト予想問題

解答 ➡ p.152

1 日本語に合うように，____に適切な語を入れなさい。

(1) 簡単な料理から始めましょう。
Let's ________ ________ a simple dish.

(2) あなたは毎日目標に向かって前進していますよ。
You're ________ ________ ________ your goal every day.

(3) 私は少しずつピアノを練習します。
I practice the piano ________ ________ ________.

(4) その情報をあなたのノートに書き留めてください。
Please ________ ________ the information in your notebook.

2 (　)内の語句のうち，適切なものを選びなさい。

(1) Do you want (to visit, visiting, visit) France?

(2) (Play, Playing, Played) baseball is fun for me.

(3) Why do you study English hard? —(Be, To be, Is) an English teacher.

3 日本語に合うように，(　)内の語句を並べかえなさい。

(1) あなたはテストを受ける準備ができていますか。
(ready / you / to / take / the test / are)?

____?

(2) 私の兄は旅に出ることに決めました。
(my brother / take / on / decided / a journey / to / himself).

____.

(3) マイクはその本を借りるために図書館へ行きました。
(borrow / to / the library / to / Mike / the book / went).

____.

(4) 「ありがとう」と言うことは十分ではない。
("Thank you" / is / saying / enough / not).

____.

4 次の日本語を英語にしなさい。

(1) 私は富士山に登りたいです。

____

(2) 彼らはここでギターを弾くことを楽しみました。

____

5 次の英文を読んで，あとの問いに答えなさい。

You are now in a new stage of your life. What do you want to do? ①This question may be difficult for you. Don't worry. ②Just (and / small / start / familiar / with / something). ③(　　)(　　), "make many friends," "become a regular club member," or "learn three new English words each day." See? You can do many things. Next, write them down, (④) you will have your own "Challenge List"!

(1) 下線部①の This question は何を指しているか，日本語で答えなさい。
(　　　　　　　　　　　　　　　　)

(2) 下線部②が「まずはささいなことや身近なことから始めなさい。」という意味になるように，(　)内の語を並べかえなさい。
Just ____________________.

(3) 下線部③が「例えば」という意味になるように，(　)に適切な語を入れなさい。
________ ________

(4) (④)に入る適切な語を選びなさい。
a. and　b. yet　c. but　d. because　(　　)

6 次の英文を読んで，あとの問いに答えなさい。

"I want to climb Mt. Everest!" This was on the "Challenge List" of a 17-year-old high school student. ①It is a very big goal, (　　)(　　)? So, she started with many small challenges (②) achieve ③her goal. Two years later, she was on top of Mt. Everest!

(1) 下線部①が「それはとても大きな目標ですよね。」という意味になるように，(　)に適切な語を入れなさい。
________ ________

(2) (②)に入る適切な語を選びなさい。
a. for　b. with　c. to　d. of　(　　)

(3) 下線部③が表す内容を日本語で答えなさい。
(　　　　　　　　　　　　　　　　)

(4) 次の質問に英語で答えなさい。
How old was the student when she climbed Mt. Everest?
____

Lesson 2 Curry Travels around the World

PART 1

ポイント　カレーはどのようにインドからイギリスにもたらされたのでしょうか。

① Many of you know / that curry was born in India. // ② However, / did you know /
みなさんの多くは知っている/ カレーがインドで生まれたことを// けれども/あなたは知っていたか/

that Indian people do not use the word "curry"? // ③ British people began
インド人は「カレー」という言葉を使わないと // イギリス人が「カレー」という言葉を

to use it. //
使い始めた//

④ A recipe for curry was introduced / from India to the UK. // ⑤ In 1772, /
カレーの調理法は伝えられた / インドからイギリスに // 1772年に /

Warren Hastings brought back rice / with many spices / from India. //
ウォーレン・ヘイスティングズが米を持ち帰った / 多くのスパイスとともに / インドから //

⑥ After that, / British people started eating curry / with rice. //
その後 / イギリス人はカレーを食べ始めた / 米といっしょに//

⑦ In the early 19th century, / the first curry powder appeared / in the UK. //
19世紀の初めに / 最初のカレー粉が登場した / イギリスで //

⑧ Until then, / mixing the many spices for curry / was hard work. // ⑨ People
そのときまで / カレーのために多くのスパイスを混ぜ合わせることは/大変な作業だった// 人々は

were able to make curry easily / with the curry powder. // ⑩ So, / curry spread
カレーを簡単に作ることができた / カレー粉を使って // それで/ カレーは

across the UK. //
イギリス中に広まった//

単語・熟語チェック

□ **the UK**	名 イギリス	□ **spice**	名 スパイス
□ **India**	名 インド	□ **century**	名 世紀
□ **however**	副 けれども	□ **powder**	名 粉
□ **Indian**	形 インドの	□ **appear**	動 現れる
□ **British**	形 イギリスの	□ **mix**	動 ～を混ぜる
□ **recipe**	名 調理法，レシピ	□ **be able to *do***	熟 ～することができる
□ **introduce**	動 ～を紹介する	□ **spread**	動 広まる
□ **bring back ～**	熟 ～を持ち帰る		

Check Up! ヒント

1. Where was curry born? （カレーはどこで生まれましたか。） →本文①

2. Who brought back rice with many spices from India?
(だれがインドから多くのスパイスといっしょに米を持ち帰りましたか。) →本文⑤

3. What appeared in the UK in the early 19th century?
(19 世紀の初めにイギリスで何が登場しましたか。) →本文⑦

Sum Up! ヒント

カレーはインドで(　　)。1772 年に，ウォーレン・ヘイスティングズがインドから多くのスパイスといっしょに(　　)を持ち帰った。それから，イギリス人は米といっしょにカレーを食べ始めた。19 世紀には，最初のカレー粉が(　　)。その後，カレーはイギリス中に(　　)。

読解のカギ

④ **A recipe for curry was introduced from India to the UK.**
A recipe for curry：主語(S)　was introduced：be動詞＋動詞の過去分詞

➡ 〈be 動詞＋動詞の過去分詞〉で「～される[されている]」という意味。was introduced とあるので，「～された」と過去を表す受動態になっている。 文法詳細 p.22

⑤ **In 1772, Warren Hastings brought back rice with many spices from India.**
➡ bring back ～で「～を持ち帰る」という意味。brought は bring の過去形。

⑥ **After that, British people started eating curry with rice.**
British people：主語(S)　started：動詞(V)　eating curry with rice：目的語(O)

➡ eating は「食べること」という意味を表す動名詞。curry with rice を伴って started の目的語になっている。start *do*ing で「～し始める」という意味。

Q1. ＿＿ を埋めなさい。

ジェーンは大好きな歌を歌い始めました。

Jane ＿＿＿＿＿＿ ＿＿＿＿＿＿ her favorite song.

⑧ **Until then, mixing the many spices for curry was hard work.**
mixing the many spices for curry：主語(S)　was：動詞(V)　hard work：補語(C)

➡ mixing は「混ぜること」という意味を表す動名詞。the many spices for curry を伴って文の主語になっている。

Q2. 日本語にしなさい。

Playing soccer with my friends is a lot of fun.

(　　　　　　　　　　　　　　　　　　　　　　　　　　　　)

⑨ **People were able to make curry easily with the curry powder.**
➡ be able to *do* で「～することができる」という意味。

読解のカギ Q の解答　**Q1.** started[began] singing　**Q2.** 友達とサッカーをすることはとても楽しい。

PART 2

ポイント カレーは日本でどのようにして一般的になったのでしょうか。

① Early in the Meiji era, / curry powder was imported into Japan / from the UK. //
明治時代の初期に / カレー粉は日本に輸入された / イギリスから //

② In those days, / curry was so expensive / that only rich people could eat it. //
その当時は / カレーはとても高価だった / だから裕福な人々だけがそれを食べることができた //

③ Surprisingly, / long green onions and frog meat / were used in it! //
驚いたことに / 長ネギやカエルの肉が / それに使われていた //

④ Since the late Meiji era, / curry has been popular / all over Japan. // ⑤ In
明治時代の後期から / カレーはずっと一般的だ / 日本中で //

the Japanese military, / soldiers began to cook curry. // ⑥ They could make a lot of
日本の軍隊では / 兵士たちがカレーを作り始めた // 彼らは大量のカレーを作ることができた

curry / at one time / and keep it for a few days. // ⑦ They took the recipe for curry
/ 一度に / そして数日間それを保存することができた // 彼らはカレーの調理法を持ち

back / to their hometowns. // ⑧ Then, / people began to eat curry / in many parts
帰った / 彼らの故郷に // その後 / 人々はカレーを食べ始めた / 日本の多くの

of Japan. //
地域で //

単語・熟語チェック

□ **era**	名 時代	□ **all over ～**	熟 ～のいたる所で
□ **import**	動 ～を輸入する	□ **military**	名 軍隊
□ **in those days**	熟 その当時	□ **soldier**	名 兵士
□ **so ～ that ...**	熟 とても～なので…	□ **at one time**	熟 一度に
□ **expensive**	形 高価な	□ **a few ～**	熟 少数の～
□ **surprisingly**	副 驚いたことに	□ **take *A* back to *B***	熟 *A*を*B*に持ち帰る
□ **long green onion**	名 長ネギ	□ **hometown**	名 故郷
□ **meat**	名 肉		

Check Up! ヒント

1. When was curry powder imported into Japan? (カレー粉はいつ日本に輸入されましたか。)
→本文①

2. Who began to cook curry in the Japanese military?
(日本の軍隊ではだれがカレーを作り始めましたか。) →本文⑤

3. Where did the soldiers take the recipe for curry back to?
(兵士たちはカレーの調理法をどこに持ち帰りましたか。) →本文⑦

Sum Up! ヒント

明治(　　)の初期に，カレー粉は日本に輸入された。日本の(　　)の兵士たちがカレーを作り始めた。彼らは(　　)を家に持ち帰った。その後，カレーは日本中で(　　)になった。

読解のカギ

② In those days, curry was so expensive that only rich people could eat it.

➡ in those days は「その当時」という意味。

➡ so ～ that ... は「とても～なので…」という意味。

Q1. 日本語にしなさい。

The weather was so bad that we could not climb the mountain.

(　　　　　　　　　　　　　　　　　　　　　　　　　　　　)

③ Surprisingly, long green onions and frog meat were used in it!

主語(S)：long green onions and frog meat　動詞(V)：were used

➡ were used は過去形の受動態。long green onions and frog meat という動作を受ける側が主語になるので，「使われた」という受け身の意味を表す。

➡ it は②の curry を指す。

④ Since the late Meiji era, curry has been popular all over Japan.

has been：has＋動詞の過去分詞

➡ has been は「ずっと～である」という継続を表す現在完了形。been は be の過去分詞。〈have[has]＋動詞の過去分詞〉で「(今まで)ずっと～である」という現在までの状態の継続を表す。since は「～以来」という意味で，過去の時を表す語句が続く。

➡ all over ～は「～のいたる所で」という意味。

文法詳細 p.23

Q2. ____ を埋めなさい。

私たちは昨夜からずっと空腹だ。

We ________ ________ hungry ________ last night.

⑥ They could make a lot of curry at one time and keep it for a few days.

➡ They は⑤の soldiers を指す。

➡ could は can の過去形。〈could＋動詞の原形〉で「～することができた」という意味を表す。and は make ... と keep ... をつないでいる。

➡ at one time は「一度に」という意味。

➡ for は「～の間」という意味で，あとに期間を表す語句が続く。

➡ a few ～は「少数の～」という意味。

⑦ They took the recipe for curry back to their hometowns.

➡ They は⑤の soldiers を指す。

➡ take *A* back to *B* は「*A* を *B* に持ち帰る」という意味。took は take の過去形。

Q3. 並べかえなさい。

私はその花を家に持ち帰った。(back / I / the flower / my house / took / to).

____.

読解のカギ Q の解答　**Q1.** 天気がとても悪かったので，私たちは山に登ることができなかった。
Q2. have been, since　**Q3.** I took the flower back to my house(.)

PART 3

ポイント カレーをベースにした食品にはどのようなものがあるのでしょうか。

① After curry spread around Japan, / Japanese people invented / a lot of new
カレーが日本中に広まったあと / 日本人は発明した / 多くの新しい

curry-based foods. // ② By mixing curry / with noodles and bread, / they made
カレーをベースにした食品を // カレーを混ぜ合わせることによって / 麺類やパンと / 彼らは

curry-*udon* and curry-*pan*. // ③ Maybe / you have also eaten / some kinds of
カレーうどんやカレーパンを作った // おそらく / あなたも食べたことがある / 何種類かの

curry-flavored snacks. //
カレー風味のスナック菓子を //

④ The curry roux and "curry in a pouch" / were especially successful. //
カレールーと「レトルトカレー」は / 特に成功した //

⑤ They were exported overseas, / and they have become popular / in some countries /
それらは海外に輸出された / そしてそれらは一般的になっている / いくつかの国で /

like Australia, / China, / South Korea, / and the US. // ⑥ "Curry in a pouch" is now
オーストラリアのような / 中国 / 韓国 / そしてアメリカ // 「レトルトカレー」は今や

eaten / even in the International Space Station (ISS)! //
食べられている / 国際宇宙ステーション(ISS)でさえも //

⑦ Curry was born in India. // ⑧ Later, / it was taken to the UK, / and then to
カレーはインドで生まれた // 後に / それはイギリスへ持って行かれた / それから

Japan. // ⑨ Now it is eaten / all over the world. //
日本へ // 今ではそれは食べられている / 世界中で //

単語・熟語チェック

□ **-based**		～をベースにした
□ **invent**	動	～を発明する
□ **mix *A* with *B***	熟	*A* を *B* と混ぜ合わせる
□ **noodle**	名	麺
□ **-flavored**		～風味の
□ **snack**	名	スナック菓子
□ **roux**	名	ルー
□ **pouch**	名	小袋
□ **curry in a pouch**	名	レトルトカレー
□ **especially**	副	特に
□ **successful**	形	成功した
□ **export**	動	～を輸出する
□ **overseas**	副	海外に[へ]
□ **Australia**	名	オーストラリア
□ **China**	名	中国
□ **South Korea**	名	韓国
□ **the US**	名	アメリカ合衆国
□ **international**	形	国際的な
□ **space**	名	宇宙

Check Up! ヒント

1. What did Japanese people invent? (日本人は何を発明しましたか。) →本文①

2. What curry-based foods were especially successful?
(カレーをベースにしたどのような食品が特に成功しましたか。) →本文④

3. In what countries have curry roux and "curry in a pouch" become popular?
(カレールーと「レトルトカレー」は，どの国で一般的になりましたか。) →本文⑤

Sum Up! ヒント

日本人は多くの新しいカレーをベースにした食品を(　　)。カレー(　　)と「レトルトカレー」は特に(　　)。それらは海外に(　　)され，いくつかの国で一般的になっている。

読解のカギ

② **By mixing curry with noodles and bread, they made curry-*udon* and curry-*pan*.**

➡ mixingは「混ぜること」という意味を表す動名詞。curry with noodles and breadを伴って前置詞Byの目的語になっている。mix *A* with *B*は「*A*を*B*と混ぜ合わせる」という意味。

➡ theyは①のJapanese peopleを指す。

Q1. ＿＿＿を埋めなさい。

コンピューターを使うことによって，私は宿題をすることができる。

I can do my homework ＿＿＿＿＿＿ ＿＿＿＿＿＿ a computer.

③ **Maybe you have also eaten some kinds of curry-flavored snacks.**

have＋動詞の過去分詞

➡ have ... eatenは「食べたことがある」という経験を表す現在完了形。eatenはeatの過去分詞。〈have[has]＋動詞の過去分詞〉で「(今までに)～したことがある」という現在までの経験を表す。 文法詳細 p.23

➡ some kinds of ～は「数種類の～，何らかの～」という意味。

Q2. 日本語にしなさい。

My father has visited London three times.

(　　　　　　　　　　　　　　　　　　)

⑤ **They were exported overseas, and they have become popular in some countries like Australia, China, South Korea, and the US.**

have＋動詞の過去分詞

➡ Theyとtheyはどちらも④のThe curry roux and "curry in a pouch"を指す。

➡ have becomeは「～になっている」という完了を表す現在完了形。becomeは過去分詞もbecomeとなる。〈have[has]＋動詞の過去分詞〉で「(すでに)～して(しまって)いる」という現在までの動作の完了を表す。 文法詳細 p.23

➡ likeは「～のような」という意味の前置詞。Australia, China, South Korea, and the USがsome countriesの例として示されている。

Q3. 並べかえなさい。

私はすでに昼食を食べてしまっている。(already / lunch / I / eaten / have).

＿＿＿＿＿＿＿＿＿＿＿＿＿＿＿＿＿＿＿＿＿＿＿＿＿.

読解のカギ Qの解答　**Q1.** by using　**Q2.** 私の父はロンドンを３度訪れたことがある。
Q3. I have already eaten lunch(.)

Grammar

G-1 受動態

▶受動態とは

〈be 動詞＋動詞の過去分詞〉の形を受動態といい，「～される[されている]」，「～された」という受け身の意味を表す。

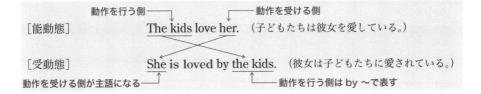

動作を行う側 → The kids ／ 動作を受ける側 → her

［能動態］ The kids love her. （子どもたちは彼女を愛している。）

［受動態］ She is loved by the kids. （彼女は子どもたちに愛されている。）

動作を受ける側が主語になる → She ／ 動作を行う側は by ～で表す → the kids

現在形の受動態

She is loved by the kids. （彼女は子どもたちに愛されている。）

be 動詞（現在形）＋動詞の過去分詞

➡ 〈am[are, is]＋動詞の過去分詞〉は「～される[されている]」という現在の受け身の意味を表す。

過去形の受動態

It was written by Moriyama Naotaro. （それは森山直太朗によって書かれた。）

be 動詞（過去形）＋動詞の過去分詞

➡ 〈was[were]＋動詞の過去分詞〉は「～された」という過去の受け身の意味を表す。

by ～のない受動態

German is spoken in Austria. （オーストリアではドイツ語が話されている。）

➡ 動作を行う側がわからない場合や，言う必要がない場合には by ～は不要。

➡ 受動態は，動作を行う側が不明である場合や，あえて言う必要のない場合，言いたくない場合に使われることが多いため，by ～がないことが多い。

受動態の否定文

She is not loved by the kids. （彼女は子どもたちに愛されていない。）

➡ 否定文は be 動詞のあとに not を置く。〈be 動詞＋not＋動詞の過去分詞〉で「～され(てい)ない」，「～されなかった」という意味を表す。

受動態の疑問文

Is she loved by the kids? （彼女は子どもたちに愛されていますか。）

When was this bridge built? （この橋はいつ建てられましたか。）

➡ 疑問文は be 動詞を主語の前に出す。〈be 動詞＋主語＋動詞の過去分詞 ...?〉で「～され(てい)るか」，「～されたか」という意味を表す。

➡ 疑問詞を用いる場合は文頭に置く。

G-2 G-3 現在完了形

▶現在完了形とは

〈have[has]＋動詞の過去分詞〉の形を現在完了形といい，過去に起こったことが現在とつながりをもっていることを表す。主語が３人称単数のときには，have の代わりに has を使う。現在完了形には，継続・経験・完了の３つの用法がある。

継続

① 継続を表す現在完了形

We **have been** good friends since then.　(私たちはそのときからずっと親友である。)
have＋動詞の過去分詞

She **has lived** in Paris for three years.　(彼女はパリに３年間ずっと住んでいる。)
has＋動詞の過去分詞

➡ 継続を表す現在完了形は「(今まで)ずっと～である」という意味で，過去の状態が現在まで継続していることを表す。

➡ 継続を表す現在完了形では，live や be のような状態を表す動詞が使われる。

➡ 継続を表す現在完了形の文では，次のような語がよく使われる。for のあとには期間を表す語句が，since のあとには過去の時を表す語句が続く。

for	～の間
since	～以来

② 継続期間をたずねる疑問文

How long **has** she **lived** in Paris?
(彼女はどのくらいの間パリに住んでいますか。)

➡ how long「どのくらいの間」を使って，継続の期間をたずねることができる。

➡ How long のあとは，〈have[has]＋主語＋過去分詞 ...?〉という疑問文の語順になる。

経験

① 経験を表す現在完了形

I **have met** Judy's brother twice.　(私はジュディーのお兄さんに２度会ったことがある。)

She **has never visited** the temple.　(彼女はその寺を１度も訪れたことはない。)

➡ 経験を表す現在完了形は「(今までに)～したことがある」という意味で，過去から現在までに経験したことを表す。

➡ 経験を表す現在完了形では，次のような頻度や回数を表す語句がよく使われる。否定文では，not のかわりに never がよく使われる。never は have[has]のあとに置く。

once	１度，かつて
twice	２度
three times	３度
before	以前に
never	１度も～ない
ever	(疑問文で)今までに

② 経験をたずねる疑問文

Have you **ever met** Judy's brother?
（あなたは今までにジュディーのお兄さんに会ったことがありますか。）

➡ 疑問文は〈Have[Has] + 主語 + 過去分詞 ...?〉の語順になる。ever は主語と過去分詞の間に置く。

③ have been to

I **have been to** Hokkaido twice with my family.
（私は家族と２度北海道に行ったことがある。）

➡「～に行ったことがある」という経験は have[has] been to ～で表す。go の過去分詞形 gone ではなく，be の過去分詞 been を使うことに注意。

完了

① 動作の完了を表す現在完了形

We **have** just **heard** the news. （私たちはちょうどその知らせを聞いたところだ。）

➡ 完了を表す現在完了形は「（今）～したところだ，（すでに）～して（しまって）いる」という意味で，過去からの動作が現在までに完了したことを表す。

➡ 完了を表す現在完了形では，次のような語がよく使われる。just と already は have[has]と過去分詞の間に置く。

just	ちょうど
already	すでに，もう
yet	（否定文で）まだ，（疑問文で）もう

② 動作の未完了を表す否定文

They **have not heard** the news yet. （彼らはまだその知らせを聞いていない。）

➡ 否定文は〈have[has] not + 過去分詞〉の語順になる。yet は文末に置く。

➡ have not の短縮形は haven't，has not の短縮形は hasn't となる。

③ 動作の完了をたずねる疑問文

Have they **heard** the news yet? （彼らはもうその知らせを聞いてしまいましたか。）

➡ 疑問文は〈Have[Has] + 主語 + 過去分詞 ...?〉の語順になる。yet は文末に置く。

➡「もう」は，肯定文では already で表すが，疑問文では yet を使うことに注意。

現在完了形と過去形

He **has read** this book before. （彼は以前にこの本を読んだことがある。）
現在完了形

He **read** this book yesterday. （彼は昨日この本を読んだ。）
過去形

➡ 現在完了形は過去とつながりのある現在のことを述べる表現なので，yesterday，～ ago，last ～のように，現在と切り離された過去の時点を表す語句といっしょに使うことはできない。過去のことは過去形で表す。

Finish Up! ヒント

1. 「ウォーレン・ヘイスティングズが多くのスパイスとともにインドから(　　)を持ち帰った。」名詞が入る。
(教 p.26, ℓℓ.6 ～ 7)
2. 「カレーはイギリス中に(　　)。」動詞が入る。
(教 p.26, ℓ.14)
3. 「カレー粉が日本に(　　)。」動詞が入る。
(教 p.28, ℓℓ.1 ～ 2)
4. 「(　　)がカレーの調理法を彼らの故郷に持ち帰った。」名詞が入る。
(教 p.28, ℓℓ.9 ～ 10)
5. 「人々が日本中でカレーを(　　)始めた。」動詞が入る。
(教 p.28, ℓℓ.11 ～ 12)
6. 「日本人は多くの新しいカレーをベースにした食品を(　　)。」動詞が入る。
(教 p.30, ℓℓ.1 ～ 2)
7. 「カレールーと『レトルトカレー』が(　　)になった。」形容詞が入る。
(教 p.30, ℓℓ.7 ～ 10)

OUTPUT ヒント

Listen

・beef　牛肉　・pork　豚肉　・green pepper　ピーマン
・sweet　甘口の　・mild　中辛の　・spicy　ぴりっと辛い

Write&Speak

例 My favorite curry is beef curry with carrots, onions, potatoes, and green peppers. I like beef and I can enjoy the taste of some vegetables in it. I like curry which has a very spicy taste. So, I sometimes put some kinds of spices in my curry.

Interact

例
Reasons:
He likes beef and he can enjoy the taste of some vegetables in his favorite curry.
Taste:
He likes curry which has a very spicy taste.
Secret:
He puts some kinds of spices in his curry.
Questions:
Do you think vegetables are good for your health?
What kinds of spices do you use when you cook curry?

定期テスト予想問題

解答 ➡ p.152

1 日本語に合うように，____に適切な語を入れなさい。

(1) ブラウン先生はこの本をオーストラリアから持ち帰った。
Ms. Brown __________ __________ this book from Australia.

(2) 私たちは海で泳ぐことができた。
We __________ __________ __________ swim in the sea.

(3) その当時，パンは日本では一般的ではなかった。
In __________ __________, bread was not popular in Japan.

(4) その車はとても高かったので，私は買うことができなかった。
The car was __________ expensive __________ I could not buy it.

2 (　)内の語のうち，適切なものを選びなさい。

(1) My pudding was eaten (in, by, on) my brother.
(2) This table was (import, importing, imported) from China.
(3) (Watch, Watching, Watched) soccer games is exciting.

3 日本語に合うように，(　)内の語を並べかえなさい。

(1) 彼のレストランは昨年からずっと成功している。
(year / successful / his / last / been / restaurant / since / has).

____.

(2) 私はこの本を２度読んだことがある。
(book / read / have / twice / I / this).

____.

(3) これらの写真はいつ撮られましたか。
(were / when / pictures / these / taken)?

____?

(4) 彼女はギターを弾き始めた。
(started / guitar / she / the / playing).

____.

4 次の日本語を英語にしなさい。

(1) 私は３年間ずっと英語を勉強している。

____

(2) 私の兄は１度もカレーを作ったことがない。

____

(3) 彼らはすでに宿題をしてしまった。

____

5 **次の英文を読んで，あとの問いに答えなさい。**

①Since the late Meiji era, (Japan / curry / popular / has / all / been / over). In the Japanese military, ②soldiers began to cook curry. They could make a lot of curry ③(　　) one (　　) and keep it for a few days. They took the recipe for curry back to their hometowns. Then, people began to eat curry in many parts of Japan.

(1) 下線部①が「明治時代の後期から，カレーは日本中でずっと一般的だ。」という意味になるように，(　)内の語を並べかえなさい。
Since the late Meiji era, ________________________________.

(2) 下線部②の英語を日本語に訳しなさい。
(　　　　　　　　　　　　　　　　　　　　　　　　　　　　)

(3) 下線部③が「一度に」という意味になるように，(　)に適切な語を入れなさい。
__________ one __________

(4) 次の質問に英語で答えなさい。
Why did people begin to eat curry in many parts of Japan?
____

6 **次の英文を読んで，あとの問いに答えなさい。**

After curry spread around Japan, Japanese people invented a lot of new curry-based foods. By ①(mix) curry with noodles and bread, ②they made curry-*udon* and curry-*pan*. ③Maybe you (　　) also (　　) some kinds of curry-flavored snacks.

The curry roux and "curry in a pouch" were especially successful. They were exported overseas, and they have become popular in some countries like Australia, China, South Korea, and the US.

(1) 下線部①の (　) 内の語を適切な形に書きかえなさい。
____

(2) 下線部②の they は何を指しているか，２語の英語で答えなさい。
__________ __________

(3) 下線部③が「おそらく，あなたも何種類かのカレー風味のスナック菓子を食べたことがある。」という意味になるように，(　)に適切な語を入れなさい。
Maybe you __________ also __________ some kinds of curry-flavored snacks.

(4) 日本人が発明した多くの新しいカレーをベースにした食品のうち，海外にも輸出され，一般的になっているものは何か。英語で２つ書きなさい。
______________________ ______________________

Lesson 3 School Uniforms

PART 1

ポイント 制服は好きですか。

①What do you wear / when you go to school every day? // ②I guess most of
あなたは何を着ているか / あなたが毎日学校へ行くときに // おそらくあなたたちの
you will say, / "I wear my school uniform." // ③In fact, / most Japanese high
ほとんどは答えるだろう / 私は学校の制服を着ている // 実際に / ほとんどの日本の
schools / have school uniforms. //
高校には / 学校の制服がある //

④Did you care about school uniforms / when you chose your high school? //
あなたは学校の制服を気にしたか / あなたは自分の高校を選ぶときに //
⑤According to a survey, / 17.4% (percent) of high school boys / and 57.3% of high
ある調査によれば / 17.4 パーセントの男子高生 / そして 57.3 パーセントの
school girls / answered "yes." // ⑥You can see / that girls are more interested in
女子高生が / 「はい」と答えた // あなたはわかるだろう / 女子高生のほうが学校の制服により興味を
school uniforms / than boys are. // ⑦In the same survey, / it asked, / "Do you
持っていることが / 男子高生よりも // 同じ調査の中で / 尋ねた / 「あなたは
like your school uniform?" // ⑧78.2% of students answered "yes." //
自分の高校の制服が好きですか」と // 78.2 パーセントの生徒たちが「はい」と答えた //

単語・熟語チェック

□ **uniform**	名 制服	□ **choose**	動 ～を選ぶ
□ **guess**	動 ～だと思う	□ **chose**	動 choose の過去形
□ **fact**	名 事実	□ **according**	副 一致して，従って
□ **in fact**	熟 実際に	□ **according to ～**	熟 ～によれば
□ **care**	動 関心を持つ	□ **survey**	名 調査

Check Up! ヒント

1. What do most Japanese high schools have?
(ほとんどの日本の高校には何がありますか。) →本文③

2. What did 57.3% of high school girls do when they chose their high schools?
(女子高生の57.3%は，自分の高校を選ぶときに何をしましたか。) →本文⑤

3. What percent of students liked their school uniforms?
(生徒たちの何パーセントが自分の学校の制服が好きでしたか。) →本文⑧

Sum Up! ヒント

ほとんどの日本の高校には学校の(　　)がある。ある調査によれば，(　　)高生の 57.3% が自分の高校を(　　)ときに学校の制服について気にした。同じ調査の中で，78.2% の生徒たちが自分の学校の制服が(　　)だった。

読解のカギ

② **I guess most of you will say, "I wear my school uniform."**

➡ most of ～は「～のほとんど」という意味。

③ **In fact, most Japanese high schools have school uniforms.**

主語(S): most Japanese high schools

➡ in fact は「実際に」という意味。

➡ most Japanese high schools が文の主語。most は「ほとんどの」という意味の形容詞。

Q1. ____ を埋めなさい。

その歌は人気がある。実際に，多くの人がそれを歌うことができる。

The song is popular. ________ ________, many people can sing it.

④ **Did you care about school uniforms when you chose your high school?**

➡ chose は choose「～を選ぶ」の過去形。

⑤ **According to a survey, 17.4% (percent) of high school boys and 57.3% of high school girls answered "yes."**

主語(S): 17.4% (percent) of high school boys and 57.3% of high school girls

➡ according to ～は「～によれば」という意味。

➡ 17.4% (percent) of high school boys and 57.3% of high school girls が文の主語。and は 17.4% (percent) of high school boys と 57.3% of high school girls をつないでいる。

Q2. 日本語にしなさい。

According to the newspaper, there was a car accident last night.

(　　　　　　　　　　　　　　　　　　　　　　　　)

⑥ **You can see that girls are more interested in school uniforms than boys are.**

S': girls　V': are

➡ 〈see that＋S'＋V'〉は「S'が V'だとわかる」という意味。

➡ girls are more interested in school uniforms than boys are は比較級を使った文。〈比較級＋than B〉は「(A は)B よりも～だ」という意味。形容詞 interested の比較級は前に more をつけて表す。

➡ boys are のあとに interested in school uniforms が省略されている。文法詳細 p.34

Q3. 並べかえなさい。

あなたの犬は私のものよりも大きい。(than / is / bigger / your / mine / dog).

____.

読解のカギ Q の解答　**Q1.** In fact　**Q2.** 新聞によれば，昨夜自動車事故があった。
Q3. Your dog is bigger than mine(.)

PART 2

ポイント 外国の生徒たちは制服を着ているのでしょうか。

① Do you think / schools in foreign countries / have school uniforms? // ② Actually, / many of them do. //
あなたは思うか / 外国の学校に / 学校の制服があると // 実際には / それらの多くにある //

③ In South Korea and Taiwan, / the school uniforms are similar to those in Japan. // ④ The uniforms in Australia and the UK / look like ours, too. // ⑤ Many students wear jackets and ties. //
韓国と台湾では / 学校の制服は日本のものとよく似ている // オーストラリアとイギリスの制服も / また私たちのもののように見える // 多くの生徒はジャケットとネクタイを身につけている //

⑥ On the other hand, / the school uniforms in Bhutan / look quite different from ours. // ⑦ They wear their country's traditional clothes / as a uniform. // ⑧ How about in Malaysia? // ⑨ In Malaysia, / you can see uniforms / influenced by religion. // ⑩ Some girls show their hair, / but others do not. //
一方で / ブータンの学校の制服は / 私たちのものとはかなり違っている // 彼らは国の伝統的な民族衣装を着ている / 制服として // マレーシアではどうか // マレーシアでは / 制服が見られる / 宗教の影響を受けた // 髪を見せている女子学生もいる / しかしそうでない女子学生もいる //

単語・熟語チェック

- □ **foreign** 形 外国の
- □ **actually** 副 実際には
- □ **Taiwan** 名 台湾
- □ **similar** 形 よく似ている
- □ **be similar to ～** 熟 ～によく似ている
- □ **look like ～** 熟 ～のように見える
- □ **jacket** 名 ジャケット
- □ **tie** 名 ネクタイ
- □ **on the other hand** 熟 一方(では)
- □ **Bhutan** 名 ブータン
- □ **quite** 副 まったく
- □ **traditional** 形 伝統的な
- □ **Malaysia** 名 マレーシア
- □ **influence** 動 ～に影響を及ぼす
- □ **religion** 名 宗教
- □ **some ～, others ...** 熟 ～もあれば，…もある

Check Up! ヒント

1. What countries have similar school uniforms to those in Japan?
(日本とよく似たような学校の制服はどこの国にありますか。) →本文③④

2. What do students in Bhutan wear as a uniform?
(ブータンの生徒たちは制服として何を着ていますか。) →本文⑦

3. What kinds of uniforms can you see in Malaysia?
(マレーシアではどのような種類の制服が見られますか。) →本文⑨

Sum Up! ヒント

韓国やオーストラリアなどの生徒たちは日本の制服と(　　)制服を着ている。彼らは(　　)やネクタイを身につけている。(　　), ブータンでは生徒たちは制服として伝統的な民族衣装を着ている。マレーシアの学校の制服は宗教の(　　)。

読解のカギ

③ **In South Korea and Taiwan, the school uniforms are similar to those in Japan.**

➡ be similar to ～は「～によく似ている」という意味。
➡ those は the school uniforms のこと。

Q1. ＿＿ を埋めなさい。

私のカメラはあなたのカメラによく似ている。
My camera is ＿＿＿＿＿ ＿＿＿＿＿ yours.

④ **The uniforms in Australia and the UK look like ours, too.**

➡ look like ～は「～のように見える」という意味。「～」には名詞がくる。
➡ ours は our uniforms のこと。

⑥ **On the other hand, the school uniforms in Bhutan look quite different from ours.**

➡ on the other hand は「一方(では)」という意味。
➡ 〈look＋C〉で「C に見える」という意味。C には形容詞がくる。
➡ (be) different from ～は「～と異なっている」という意味。

⑨ **In Malaysia, you can see uniforms influenced by religion.**

➡ influenced は「～に影響を及ぼされる[た]」という意味を表す過去分詞。by religion を伴って直前の名詞 uniforms を後ろから修飾している。 文法詳細 p.35

Q2. 並べかえなさい。

これは多くの外国人に訪れられる城です。
(by / is / foreigners / visited / this / many / the castle).

＿＿＿＿＿＿＿＿＿＿＿＿＿＿＿＿＿＿＿＿＿＿＿＿＿＿＿＿＿＿.

⑩ **Some girls show their hair, but others do not.**

➡ some ～, others ...で「～もあれば，…もある」という意味。

読解のカギ Q の解答 **Q1.** similar to **Q2.** This is the castle visited by many foreigners(.)

PART 3

ポイント 学校の制服に賛成ですか，反対ですか。

① There are schools / that don't have uniforms. // ② In fact, / many schools in the US don't. // ③ This may be / because they respect people's freedom and individualism. //
学校がある / 制服のない // 実際に / アメリカの多くの学校にはない // これは～かもしれない / 彼らが人々の自由と個性を尊重するという理由から //

④ People have different opinions / about school uniforms. // ⑤ Some students are for school uniforms / because uniforms can increase / their sense of belonging to their schools. // ⑥ Others are against school uniforms / because they cannot show their originality in uniforms. //
人々は異なる考えを持っている / 学校の制服に関して // 学校の制服に賛成する生徒もいる / 制服が高めることができるので / 彼らの学校への帰属意識を // 学校の制服に反対するほかの生徒たちもいる / 制服では個性を発揮できないので //

⑦ Are you for / or against school uniforms? // ⑧ Why? //
あなたは賛成か / それとも学校の制服に反対か // それはなぜか //

単語·熟語チェック

□ **against**	前 ～に反対して	□ **increase**	動 ～を増す，増やす
□ **be for[against] ～**	熟 ～に賛成[反対]である	□ **sense**	名 意識
□ **respect**	動 ～を尊敬する	□ **belong**	動 所属する
□ **freedom**	名 自由	□ **belong to ～**	熟 ～に所属する
□ **individualism**	名 個性	□ **originality**	名 独創性，個性

Check Up! ヒント

1. Why don't many schools in the US have uniforms?
(なぜアメリカの多くの学校には制服がないのですか。) →本文③

2. Why are some students for school uniforms?
(なぜ何人かの生徒は学校の制服に賛成していますか。) →本文⑤

3. Why are some students against school uniforms?
(なぜ何人かの生徒は学校の制服に反対していますか。) →本文⑥

Sum Up! ヒント

(　　)では多くの学校に制服がない。これは彼らが人々の(　　)と個性を尊重するという理由からかもしれない。制服は学校への帰属意識を高めることができるので，制服に(　　)いる生徒もいる。制服では彼らの個性を発揮できないので，制服に(　　)いる生徒もいる。

読解のカギ

① **There are schools that don't have uniforms.**

先行詞（物）　関係代名詞（主格）

➡ that don't have uniforms は，先行詞 schools を修飾する関係代名詞節。that は関係代名詞節の中で主語の働きをしている。先行詞が〈物〉を表すとき，主格の関係代名詞は that または which を使う。 文法詳細 p.36

Q1. 並べかえなさい。

私たちの市には日本でとても有名な動物園があります。

(has / famous / our city / in / a zoo / is / very / Japan / that).

______________________________________.

③ **This may be because they respect people's freedom and individualism.**

S'　V'

➡ This は②の many schools in the US don't (have uniforms) を指している。

➡ 接続詞 because は「なぜなら～だから」という意味。〈because＋主語＋動詞～〉の形になっている。

➡ individualism は「個性，個人主義」という意味を表す名詞。

⑤ **Some students are for school uniforms because uniforms can increase their sense of belonging to their schools.**

➡ be for[against] ～は「～に賛成[反対]である」という意味。

➡ increase は「～を増す，増やす」という意味の動詞。同じつづりで「増加」という意味の名詞もある。

➡ belong to ～は「～に所属する」という意味。belonging で「所属すること」という意味を表す動名詞。to their schools を伴って前置詞 of の目的語になっている。

Q2. 日本語にしなさい。

I am against his plan.

(　　　　　　　　　　　　　　　　　　　　)

⑥ **Others are against school uniforms because they cannot show their originality in uniforms.**

➡ Others は前の文の some に呼応して，「(～する) 人々もいる」を表す。

➡ originality は「独創性，個性」という意味の名詞。

➡ in uniforms は「制服を着て」という意味。この in は「～を着て，身に着けて」という意味の前置詞。

読解のカギ Qの解答　**Q1.** Our city has a zoo that is very famous in Japan(.)　**Q2.** 私は彼の計画に反対だ。

Grammar

G-1 比較級・最上級を使った比較

▶比較級・最上級とは

形容詞や副詞の語尾に -er をつけたものを比較級という。つづりの長い語は〈more＋形容詞[副詞]〉の形にする。形容詞や副詞の語尾に -est をつけたものを最上級という。つづりの長い語は〈most＋形容詞[副詞]〉の形にする。

比較級を使った比較

You are taller than John (is).
形容詞の比較級＋ than
(あなたはジョンよりも背が高い。)

This picture is more beautiful than that one.
形容詞の比較級＋ than
(この絵はあの絵よりも美しい。)

➡〈比較級＋than ...〉は「…よりも～だ」という意味。２つのものを比べて，一方の程度がより高いことを表す。

最上級を使った比較

You are the tallest in your family.
the ＋形容詞の最上級＋ in
(あなたは家族の中でいちばん背が高い。)

This picture is the most beautiful of the three pictures.
the ＋形容詞の最上級＋ of
(この絵は３枚の絵の中でいちばん美しい。)

➡〈the＋最上級＋of[in] ...〉は「…の中で最も～だ」という意味。３つ以上のものの中で程度が最も高いことを表す。

➡ 比較する対象に複数を表す語がくるときは of を，場所や範囲を表す語がくるときは in を使う。

➡ 副詞の最上級の前につく the は省略されることがある。

比較級と最上級を使った表現

I like dogs more than cats.
like A more than B
(私はネコよりもイヌの方が好きだ。)

I like dogs (the) best of all animals.
like A (the) best of B
(私は動物の中でイヌがいちばん好きだ。)

➡〈like A more[better] than B〉は「B よりも A の方が好きだ」という意味。

➡〈like A (the) most[best] of B〉は「B の中でいちばん A が好きだ」という意味。

G-2 過去分詞の形容詞的用法

▶過去分詞の形容詞的用法とは

過去分詞が形容詞のように名詞を修飾することがある。過去分詞が 1 語のときは，名詞を前から修飾し，過去分詞がほかの語句を伴うときは，名詞を後ろから修飾する。過去分詞は「～される[された]」という受動の意味を表す。

過去分詞 1 語

Be careful of the **broken** glass.　(割れたガラスに注意しなさい。)

➡ 過去分詞が名詞(*A*)を前から修飾し，「～される[された]*A*」という意味を表す。

➡ 名詞と過去分詞の間には，「*A* が～される[された]」という受動の関係が成り立つ。

過去分詞＋ほかの語句

They have a son **named** Chris.　(彼らにはクリスと名付けられた息子がいる。)

➡ 過去分詞がほかの語句を伴って名詞(*A*)を後ろから修飾し，「～される[された]*A*」という意味を表す。

➡ 名詞と過去分詞句の間には，「*A* が～される[された]」という受動の関係が成り立つ。

現在分詞の形容詞的用法

▶現在分詞の形容詞的用法とは

現在分詞が形容詞のように名詞を修飾することがある。現在分詞が 1 語のときは，名詞を前から修飾し，現在分詞がほかの語句を伴うときは，名詞を後ろから修飾する。現在分詞は「～している」という能動の意味を表す。

現在分詞 1 語

Firefighters entered the **burning** house.　(消防士たちは燃えている家に入った。)

➡ 現在分詞が名詞(*A*)を前から修飾し，「～している *A*」という意味を表す。

➡ 名詞と現在分詞の間には，「*A* が～している」という能動の関係が成り立つ。

現在分詞＋ほかの語句

Do you know the girl **talking** to Sally?　(サリーと話している少女を知っていますか。)

➡ 現在分詞がほかの語句を伴って名詞(*A*)を後ろから修飾し，「～している[する]*A*」という意味を表す。

➡ 名詞と現在分詞句の間には，「*A* が～している[する]」という能動の関係が成り立つ。

G-3 関係代名詞(主格)

▶主格の関係代名詞とは

関係代名詞は，名詞(先行詞)を後ろから修飾する節を作る。関係詞節の中で主語の働きをするものを主格の関係代名詞という。先行詞によって，who, which, that を使い分ける。

先行詞が〈物〉

She was reading a novel that[which] was popular with teenagers.
先行詞 ↑ S' V' C'

(彼女は10代に人気がある小説を読んでいた。)

➡ 先行詞が〈物〉のとき，主格の関係代名詞は that または which を使う。
➡ 先行詞のあとに〈that[which]＋V'〉を続ける。

先行詞が〈人〉

I met a woman who[that] spoke French well.
先行詞 ↑ S' V' O'

(私はフランス語を上手に話す女性に出会った。)

➡ 先行詞が〈人〉のとき，主格の関係代名詞は who または that を使う。
➡ 先行詞のあとに〈who[that]＋V'〉を続ける。

関係代名詞(目的格)

▶目的格の関係代名詞とは

関係代名詞は，名詞(先行詞)を後ろから修飾する節を作る。関係詞節の中で目的語の働きをするものを目的格の関係代名詞という。先行詞によって，who(m), which, that を使い分ける。目的格の関係代名詞は省略されることもある。

先行詞が〈物〉

This is the book (that[which]) he wrote.
先行詞 ↑ O' S' V'

(これは彼が書いた本です。)

➡ 先行詞が〈物〉のとき，目的格の関係代名詞は that または which を使う。
➡ 先行詞のあとに〈that[which]＋S'＋V'〉を続ける。
➡ 関係代名詞節の中には代名詞の目的語は残らないので注意。

先行詞が〈人〉

The people (whom[who]) I met in Korea were nice.
先行詞 ↑ O' S' V'

(私が韓国で出会った人々は親切だった。)

➡ 先行詞が〈人〉のとき，目的格の関係代名詞は who(m) または that を使う。
➡ 先行詞のあとに〈whom[who]＋S'＋V'〉を続ける。
➡ 関係代名詞を省略するときは，先行詞のあとに直接〈S'＋V'〉を続ける。

Finish Up! ヒント

1.「生徒の(　　)パーセントが自分の学校の制服が好きだ。」数字が入る。
(教 p.40, ℓℓ.11 ～ 12)
2. 国名が入る。
(教 p.42, ℓℓ.3 ～ 4)
3.「(　　)衣装」形容詞が入る。
(教 p.42, ℓℓ.8 ～ 9)
4.「(　　)の影響を受けた」名詞が入る。
(教 p.42, ℓℓ.10 ～ 11)
5.「(　　)と個性」名詞が入る。
(教 p.44, ℓℓ.2 ～ 4)
6.「制服は彼らの学校への(　　)意識を高めることができる。」動名詞が入る。
(教 p.44, ℓℓ.6 ～ 8)
7.「生徒は制服では彼らの(　　)を発揮できない。」名詞が入る。
(教 p.44, ℓℓ.8 ～ 10)

OUTPUT ヒント

Listen

Risa

Reason：「私はどの服を(　　)べきか(　　)必要がない。」
One more sentence：「私は(　　)眠ることができる。」
clothes は「衣服」という意味。

Daisuke

Reason：「毎日帰宅すると，服を(　　)必要がある。」
One more sentence：「(　　)すぎる。」

Write&Speak

例 I am against school uniforms, because I feel the loss of my individualism when I wear a school uniform. I don't feel comfortable to see my classmates wearing the same uniform. Therefore, I want to wear my own clothes at school to show my originality.

Interact

例
for/against:
He is against the idea of having school uniforms.
Reason:
He feels the loss of his individualism.
Questions:
Do you think the sense of belonging to our school is important for us?
Do you think school uniforms prevent us from expressing our originality?

定期テスト予想問題

解答 ➜ p.153

1 日本語に合うように，____に適切な語を入れなさい。

(1) 彼は具合が悪そうに見える。実際に，彼は病気だ。
He doesn't look well. ________ ________, he is sick.

(2) あなたはお母さんによく似ている。
You ________ ________ ________ your mother.

(3) 私のおじは医者のように見える。
My uncle ________ ________ a doctor.

(4) スポーツが好きな人もいれば，そうでない人もいる。
________ people like sports, but ________ do not.

2 日本語に合うように，(　)内の語句のうち，適切なものを選びなさい。

(1) 私はあなたの意見に反対だ。
I am (against, along, for, without) your opinion.

(2) 私の弟はサッカー部に所属している。
My brother belongs (in, on, to, with) the soccer team.

(3) 私は家族の中でいちばん早く起きる。
I get up (early, earlier, the earliest) in my family.

3 日本語に合うように，(　)内の語を並べかえなさい。

(1) これは日本製の車だ。
(a / made / is / this / Japan / car / in).
____.

(2) この本はあの本よりおもしろい。
(than / book / one / more / this / interesting / that / is).
____.

(3) 私には中国に住んでいるおばがいる。
(in / have / an / China / lives / aunt / I / that).
____.

4 次の英語を日本語に訳しなさい。

(1) English is the language spoken all over the world.
(　　　　　　　　　　　　　　　　　　　　)

(2) Can you see the dog that is sleeping under the tree?
(　　　　　　　　　　　　　　　　　　　　)

(3) The writer is the most famous of the five.
(　　　　　　　　　　　　　　　　　　　　)

5 **次の英文を読んで，あとの問いに答えなさい。**

Did you care about school uniforms when you ①(choose) your high school? ②(　　) (　　) a survey, 17.4% (percent) of high school boys and 57.3% of high school girls answered "yes." You can see that girls are ③(interested) in school uniforms than boys are. In the same survey, it asked, "Do you like your school uniform?" 78.2% of students answered "yes."

(1) 下線部①の (　) 内の語を適切な形に書きかえなさい。

____

(2) 下線部②が「ある調査によれば」という意味になるように，(　) に適切な語を入れなさい。

__________ __________ a survey

(3) 下線部③の (　) 内の語を適切な形に書きかえなさい。ただし，1語とは限りません。

____

(4) 次の質問に英語で答えなさい。

Which cared more about school uniforms in this survey, high school boys or girls?

____

6 **次の英文を読んで，あとの問いに答えなさい。**

Do you think schools in foreign countries have school uniforms? Actually, many of them ①do.

In South Korea and Taiwan, the school uniforms are similar to ②those in Japan. The uniforms in Australia and the UK look like ours, too. Many students wear jackets and ties.

③(　　) the (　　) (　　), the school uniforms in Bhutan look quite different from ours. ④(country's / as / traditional / they / their / uniform / clothes / a / wear).

(1) 下線部①が表す内容を日本語で答えなさい。

(　　　　　　　　　　)

(2) 下線部②の those は何を指しているか。3語の英語で抜き出して答えなさい。

__________ __________ __________

(3) 下線部③が「一方では」という意味になるように，(　) に適切な語を入れなさい。

__________ the __________ __________

(4) 下線部④が「彼らは制服として国の伝統的な民族衣装を着ている。」という意味になるように，(　) 内の語を並べかえなさい。

__________.

Lesson 4 Eco-Tour on Yakushima

PART 1

ポイント 「エコツアー」とは何でしょうか。

① Welcome to Yakushima! // ② Thank you / for joining our eco-tour. //
屋久島へようこそ // ありがとう / 私たちのエコツアーに参加してくれて //

③ I'm Suzuki Kenta, / your guide for the tour. // ④ First, / I'll give you a short
私は鈴木ケンタで / みなさまのツアーガイドだ // まず / 私はあなたたちに短い

orientation / before we start the tour. //
オリエンテーションを行う / 私たちがツアーを始める前に //

⑤ During an eco-tour, / we have to think more / about the environment. //
エコツアーの間 / 私たちはもっと考えなければならない / 環境について //

⑥ Yakushima became / Japan's first Natural World Heritage Site / in 1993. //
屋久島は～なった / 日本初の世界自然遺産に / 1993年に //

⑦ Since then, / many tourists have visited this island. // ⑧ We are happy /
そのとき以来 / 多くの観光客がこの島を訪れている // 私たちはうれしい /

to have many tourists, / but this situation has caused some problems. //
多くの観光客を迎えて / しかし，この状況がいくつかの問題を引き起こしている //

⑨ For example, / tourists have damaged plants / along some of the mountain
たとえば / 観光客が植物を傷つけてしまった / いくつかの山道

paths. // ⑩ So, / what is important / is to understand / the meaning of this eco-tour. //
沿いの // だから / 大切なのは / 理解するということだ / このエコツアーの意義を //

単語・熟語チェック

- □ **eco-tour** 名 エコツアー
- □ **Welcome to ～** 熟 ～にようこそ
- □ **Thank you for *doing*** 熟 ～してくれてありがとう
- □ **orientation** 名 オリエンテーション
- □ **environment** 名 環境
- □ **heritage** 名 遺産
- □ **site** 名 遺跡，場所
- □ **tourist** 名 観光客，旅行者
- □ **be happy to *do*** 熟 ～してうれしい
- □ **situation** 名 状況
- □ **cause** 動 ～を引き起こす
- □ **damage** 動 ～を傷つける
- □ **plant** 名 植物
- □ **path** 名 山道，小道
- □ **meaning** 名 意味

Check Up! ヒント

1. What do you have to do during an eco-tour?
（あなたたちはエコツアーの間，何をしなければなりませんか。） →本文⑤

2. What did Yakushima become in 1993? （屋久島は1993年に何になりましたか。）
→本文⑥

3. What have tourists damaged? （観光客は何を傷つけてしまいましたか。）
→本文⑨

Sum Up! ヒント

(　　)の間，私たちは環境について(　　)考えなければならない。1993年に，屋久島は日本初の世界(　　)遺産になった。そのとき以来，多くの観光客が島を(　　)，環境を(　　)。

読解のカギ

② **Thank you for joining our eco-tour.**

➡ Thank you for *do*ing は「～してくれてありがとう」という意味。前置詞 for のあとには動名詞が続く。

⑦ **Since then, many tourists have visited this island.**
　　　　　　　　　　　have ＋動詞の過去分詞

➡ then は⑥で屋久島が1993年に日本初の世界自然遺産になったときのことを指す。

➡ have visited は「(今まで)ずっと訪れている」という継続を表す現在完了形。

⑧ **We are happy to have many tourists, but this situation has caused some problems.**

➡ be happy to *do* は「～してうれしい」という意味。不定詞が「～して…」という感情の原因を表し，形容詞 happy を修飾する。副詞的用法の不定詞。

Q1. 日本語にしなさい。

I'm happy to get this CD.

(　　　　　　　　　　　　　　　　　　　　　　)

⑨ **For example, tourists have damaged plants along some of the mountain paths.**
　　　　　　　　　　　have ＋動詞の過去分詞

➡ have damaged は「傷つけてしまった」という完了を表す現在完了形。

⑩ **So, what is important is to understand the meaning of this eco-tour.**
　　　　S　　　　V

➡ what は関係代名詞で，is important を伴ってこの文の主語になっている。

➡ what is important で「大切なこと」という意味。 文法詳細 p.48

Q2. 並べかえなさい。

必要なのはお互いに助け合うことだ。

(other / is / necessary / is / what / each / helping).

____.

読解のカギ Qの解答 **Q1.** 私はこのCDを手に入れてうれしい。
Q2. What is necessary is helping each other(.)

PART 2

ポイント 屋久島の地形と気候はどのようなものでしょうか。

① Let's look at the land features of Yakushima. // ② Yakushima is a round island /
屋久島の地形を見てみよう // 屋久島は円形の島だ /

covered with green forest. // ③ It's about 500 km^2 (square kilometers) in size. //
緑の森に覆われている // 面積は約500平方キロメートルある //

④ More than 40 high mountains are / on the island. // ⑤ This is the reason why
40を超える数の高い山々がある / 島には // これが私たちが屋久島を

we call Yakushima / "the Alps of the Sea." //
呼ぶ理由だ / 「海のアルプス」と //

⑥ The climate of Yakushima / is usually warm and humid / throughout the year. //
屋久島の気候は / 通常，温暖で多湿だ / 1年中ずっと //

⑦ The average temperature is / 20℃ (degrees Celsius) / in the coastal area, /
平均気温は～だ / セ氏20度 / 沿岸部で /

and 15℃ / in the central area. // ⑧ It rains a lot / in a year. // ⑨ The rainfall is /
そしてセ氏15度 / 中央部で // 雨が多く降る / 一年間に // 降水量は～だ /

about 4,500 mm (millimeters) / in the low-lying areas, / and about 8,000 to 10,000
約4,500ミリメートル / 低地部で / そして約8,000から10,000ミリメートル

mm / in the mountain areas. //
だ / 山間部では //

単語・熟語チェック

□ **feature**	名 特徴，特色	□ **humid**	形 多湿の
□ **climate**	名 気候	□ **throughout**	前 ～の間じゅう
□ **cover**	動 ～を覆う	□ **average**	形 平均の
□ ***A* covered with ～**	熟 ～に覆われている *A*	□ **temperature**	名 気温
□ **forest**	名 森林	□ **～ degrees Celsius**	熟 セ氏～度
□ **square**	形 平方の，2乗の	□ **coastal**	形 沿岸の
□ **kilometer**	名 キロメートル	□ **central**	形 中央にある
□ ***A* in size**	熟 *A*の広さ[大きさ]	□ **rainfall**	名 降水量
□ **more than ～**	熟 ～より多い	□ **millimeter**	名 ミリメートル
□ **the Alps**	名 アルプス(山脈)	□ **low-lying**	形 低地の

Check Up! ヒント

1. What is Yakushima like? (屋久島はどのような島ですか。) →本文②
2. What is Yakushima called? (屋久島は何と呼ばれていますか。) →本文⑤
3. What is the climate of Yakushima like? (屋久島の気候はどのようなものですか。) →本文⑥

Sum Up! ヒント

屋久島の土地の(　　)を見てみよう。それは森に(　　)いる円形の島だ。そこには多くの高い(　　)があるので,「海のアルプス」と呼ばれている。そこの(　　)は温暖で多湿だ。屋久島はたくさん(　　)。

読解のカギ

② **Yakushima is a round island covered with green forest.**

➡ *A* covered with ～は「～に覆われている *A*」という意味。このwithは「～で」を表す前置詞。

Q1. ＿＿ を埋めなさい。

雪に覆われている山を見て。

Look at the mountain ＿＿＿＿＿＿ ＿＿＿＿＿＿ snow.

③ **It's about 500 km² (square kilometers) in size.**

➡ *A* in size は「*A* の広さ[大きさ]」という意味。

④ **More than 40 high mountains are on the island.**

➡ more than ～は「～より多い」という意味だが, more than のあとに数詞がくる場合, ふつうはその数を含めないので注意。ただし, おおよその数を表すときはその数を含むこともある。

例：I need more than two cups.「私は３つ以上のカップが必要だ。」

⑤ **This is the reason why we call Yakushima "the Alps of the Sea."**

(the reason = 先行詞 ← why; we = S', call = V')

➡ why we call Yakushima "the Alps of the Sea"は,〈理由〉を表す先行詞 the reason を修飾する関係副詞節。why は関係副詞節の中で副詞の働きをしている。先行詞が〈理由〉を表すとき, 関係副詞は why を使う。 文法詳細 p.49

➡〈call + O + C〉で「O を C と呼ぶ」という意味。O に Yakushima が, C に"the Alps of the Sea"がきている。

Q2. 並べかえなさい。

私は彼が悲しんでいる理由を知っている。

(why / sad / know / feels / I / the / he / reason).

＿＿＿＿＿＿＿＿＿＿＿＿＿＿＿＿＿＿＿＿＿＿＿＿＿＿＿＿＿.

⑦ **The average temperature is 20°C (degrees Celsius) in the coastal area, and 15°C in the central area.**

➡ ～ °C は, ～ degrees Celsius「セ氏～度」と読む。

➡ 0°Cのときも degree に -s をつけて zero degrees とすることに注意。

読解のカギ Q の解答 **Q1.** covered with　**Q2.** I know the reason why he feels sad(.)

PART 3

ポイント 屋久島ではどのような場所が有名なのでしょうか。

① Next, / I'll introduce the three sites / where we are going. // ② The first site is
次に / 私は3つの場所を紹介する / 私たちが行くことになっている // 最初の場所は
Shiratani Unsuikyo Ravine. // ③ We'll find a dense forest / with a thick carpet of moss /
白谷雲水峡だ // 私たちは密林を見る / 厚いコケのじゅうたんが敷かれた /
there. // ④ Have you seen the movie, / *Princess Mononoke*? // ⑤ Miyazaki Hayao, /
そこで // あなたは映画を見たことがあるか / 『もののけ姫』という // 宮崎駿は /
the director of this movie, / was inspired / by this mysterious forest. //
この映画の監督の / 触発された / この神秘的な森に //

⑥ The second site is Wilson's Stump. // ⑦ It's a huge tree stump / with a
2つ目の場所はウィルソン株だ // それは大きな木の切り株だ /
diameter / of 4.39 m (meters). // ⑧ We can go into it / because its inside is empty. //
直径が～ある / 4.39 メートル // 私たちはその中に入ることができる / その内部は空っぽなので //
⑨ The tree was cut down / in 1586 / to build a temple. // ⑩ The name Wilson
この木は切り倒された / 1586年に / ある寺を建てるために // ウィルソンという名前は
comes from Dr. Ernest Wilson. // ⑪ He was the first person / to introduce this
アーネスト・ウィルソン博士に由来する // 彼は最初の人だった / この切り株を
stump to the world. //
世界に紹介した //

単語・熟語チェック

□ **ravine**	名 峡谷	□ **mysterious**	形 神秘的な
□ **dense**	形 密集した	□ **stump**	名 切り株
□ **thick**	形 厚い	□ **huge**	形 巨大な
□ **carpet**	名 じゅうたん	□ **diameter**	名 直径
□ **moss**	名 コケ	□ **meter**	名 メートル
□ **princess**	名 王女	□ **empty**	形 空っぽの
□ **director**	名 監督	□ **cut down ～**	熟 ～を切り倒す
□ **inspire**	動 ～を触発する	□ **come from ～**	熟 ～に由来する
□ **be inspired by ～**	熟 ～に触発される	□ **the first *A* to *do***	熟 最初に～した*A*

Check Up! ヒント

1. What will you find at Shiratani Unsuikyo Ravine?
(白谷雲水峡であなたたちは何を見ますか。) →本文③

2. What can you do at Wilson's Stump?
(ウィルソン株であなたたちは何をすることができますか。) →本文⑧

3. Why was the Wilson's Stump tree cut down?
(ウィルソン株の木はなぜ切り倒されましたか。) →本文⑨

Sum Up! ヒント

最初の(　　)は白谷雲水峡だ。そこには厚い(　　)のじゅうたんが敷かれた(　　)森がある。2つ目の場所はウィルソン(　　)で，その中に入ることができる。その木は1586年に，ある寺を建てるために(　　)倒された。

読解のカギ

① **Next, I'll introduce the three sites where we are going.**

先行詞(場所) ↑ 関係副詞

➡ where we are going は，〈場所〉を表す先行詞 the three sites を修飾する関係副詞節。where は関係副詞節の中で副詞の働きをしている。先行詞が〈場所〉を表すとき，関係副詞は where を使う。 文法詳細 p.49

Q1. 日本語にしなさい。

That is the house where my favorite singer lives.

(　　　　　　　　　　　　　　　　　　　　　　　　)

⑤ **Miyazaki Hayao, the director of this movie, was inspired by this mysterious forest.**

➡ be inspired by ～は「～に触発される」という意味。

⑨ **The tree was cut down in 1586 to build a temple.**

➡ cut down ～は「～を切り倒す」という意味。was cut down で過去形の受動態。cut は過去分詞も cut となる。

⑩ **The name Wilson comes from Dr. Ernest Wilson.**

➡ The name と Wilson は同格の関係。「ウィルソンという名前」という意味になる。

➡ come from ～は「～に由来する」という意味。

⑪ **He was the first person to introduce this stump to the world.**

➡ He は⑩の Dr. Ernest Wilson を指す。

➡ the first *A* to *do* は「最初に～した *A*」という意味。to introduce は「紹介した」という実際に起こったことを表す形容詞的用法の不定詞。this stump to the world を伴って直前の the first person を後ろから修飾している。

Q2. 並べかえなさい。

彼女はこの山に登った最初の女性だった。

(was / mountain / this / woman / she / climb / the / to / first).

____.

読解のカギ Qの解答 **Q1.** あれは私の大好きな歌手が住んでいる家だ。
Q2. She was the first woman to climb this mountain(.)

PART 4

ポイント 縄文杉とはどのような杉でしょうか。

① Finally, / this is the famous Jomon Cedar! // ② It's one of the oldest and largest
最後に / これが有名な縄文杉だ // それは最も古くて大きな杉の木の

cedars / on Yakushima. // ③ People think / it is 2,000 to 7,200 years old. //
1つだ / 屋久島で // 人々は考えている / それは 2,000 ~ 7,200 年の樹齢だと //

④ It's 25.3 m high, / and 5.2 m wide. //
それは 25.3 メートルの高さだ / そして幅は 5.2 メートルだ //

⑤ In the Edo period, / people on Yakushima / began to cut down cedars / for *nengu* /
江戸時代に / 屋久島の人々は / 杉の木を切り倒し始めた /年貢のために/

(land tax). // ⑥ They had to offer boards of cedars / instead of rice. // ⑦ However, /
（土地税） // 彼らは杉の板を差し出さなければならなかった/ 米のかわりに // しかし /

some old cedars / like the Jomon Cedar / were not suitable for the boards, /
古い杉の木のいくつかは / 縄文杉のような / 板に適さなかった /

so luckily / they survived. //
なので幸運なことに / それらは生き残った //

⑧ We can't touch or go near the Jomon Cedar / now. // ⑨ That's because many
私たちは縄文杉に触れたり，近づいたりできない / 今 //それはなぜなら，多くの観光客が

tourists / stepped on the roots / and damaged the tree. // ⑩ We must not damage
~からだ / その根を踏んで / そしてその木を傷つけた // 私たちはそれを傷つけては

it / any more. // ⑪ Now is the time / when we should think / about the importance
いけない / これ以上// 今こそ時だ / 私たちが考えるべき / エコツアーの重要性に

of eco-tours. // ⑫ That's all for the orientation. // ⑬ Any questions? //
ついて // オリエンテーションはこれで終わりだ// 何か質問はあるか //

単語・熟語チェック

- □ **cedar** 名 杉（の木）
- □ **wide** 形 幅が~ある
- □ **period** 名 時代，期間
- □ **tax** 名 税，税金
- □ **offer** 動 ~を提供する
- □ **board** 名 板
- □ **instead** 副 そのかわりに
- □ **instead of *A*** 熟 *A* のかわりに
- □ **suitable** 形 適している
- □ **be suitable for ~** 熟 ~に適している
- □ **luckily** 副 幸運にも
- □ **survive** 動 生き残る
- □ **touch** 動 触れる
- □ **step** 動 踏む
- □ **step on ~** 熟 ~を踏む
- □ **root** 名 根
- □ **not ~ any more** 熟 もうこれ以上~ない
- □ **importance** 名 重要性
- □ **That's all for ~** 熟 ~はこれで終わりです

Check Up! ヒント

1. What is the Jomon Cedar? （縄文杉とは何ですか。） →本文②

2. What did people on Yakushima begin to do in the Edo period?
（江戸時代に，屋久島の人々は何をし始めましたか。） →本文⑤

3. Why can't we touch or go near the Jomon Cedar?
(なぜ私たちは縄文杉に触れたり近づいたりすることができないのですか。) →本文⑨

Sum Up! ヒント

縄文杉は屋久島で最も古くて大きな杉の1つだ。江戸(　　)に，人々は年貢のために杉の木を(　　)倒し始めた。私たちは縄文杉に(　　)ことができない。なぜなら，多くの(　　)がそれを傷つけたからだ。私たちはエコツアーの(　　)について考えるべきだ。

読解のカギ

⑥ **They had to offer boards of cedars instead of rice.**
➡ They は⑤の江戸時代の people on Yakushima を指す。
➡ instead of *A* は「*A* のかわりに」という意味。

⑦ **However, some old cedars like the Jomon Cedar were not suitable for the boards, so luckily they survived.**
➡ be suitable for ～は「～に適している」という意味。

⑧ **We can't touch or go near the Jomon Cedar now.**
➡ not ～ or ...は「～も…も(し)ない」という意味。touch も go も否定している。

⑨ **That's because many tourists stepped on the roots and damaged the tree.**
➡ That's because ～は「それはなぜなら～からだ」という意味。⑧の理由を示している。
➡ step on ～は「～を踏む」という意味。

⑩ **We must not damage it any more.**
➡ not ～ any more は「もうこれ以上～ない」という意味。
➡ it は⑧の the Jomon Cedar を指す。

⑪ **Now is the time when we should think about the importance of eco-tours.**
先行詞(時)　関係副詞
➡ when we should think about the importance of eco-tours は，〈時〉を表す先行詞 the time を修飾する関係副詞節。when は関係副詞節の中で副詞の働きをしている。先行詞が〈時〉を表すとき，関係副詞は when を使う。 文法詳細 p.50

Q1. 並べかえなさい。
私は彼がこの町を去った日を覚えています。
(when / town / day / I / this / he / the / left / remember).
______________________________.

⑫ **That's all for the orientation.**
➡ That's all for ～は「～はこれで終わりです」という意味。話を切り上げるときに使う。

読解のカギ Qの解答 **Q1.** I remember the day when he left this town(.)

Grammar

G-1 関係代名詞 what

▶関係代名詞の what とは

関係代名詞の what は the thing(s) which[that] の意味を 1 語で表し，「～するもの[こと]」という意味を表す。what には先行詞が含まれているので，先行詞なしで使う。関係代名詞 what が作る節は，文の中で主語・目的語・補語になる。

関係代名詞 what 節が主語

What is needed is change. （必要とされるのは変化だ。）
主語

➡ 関係代名詞 what が作る節は文の主語になる。

➡ 関係代名詞 what が作る節は 3 人称単数扱いになることに注意。be 動詞の場合は，現在の文なら is を，過去の文なら was を使う。

関係代名詞 what 節が目的語

I didn't hear what she said. （私は彼女が言ったことが聞こえなかった。）
目的語

➡ 関係代名詞 what が作る節は動詞の目的語になる。

関係代名詞 what 節が補語

That's what I want to know. （それが私の知りたいことだ。）
補語

➡ 関係代名詞 what が作る節は文の補語になる。

関係代名詞 what 節が前置詞の目的語

I am interested in what you said. （私はあなたが言ったことに興味がある。）

➡ 関係代名詞 what が作る節は前置詞の目的語にもなる。

G-2 関係副詞 why

▶関係副詞 why とは

関係代名詞は，関係詞節の中で主語や目的語のような名詞の働きをする。これに対し，関係副詞は関係詞節の中で副詞の働きをする。関係副詞には why, where, when などがあり，先行詞によって使い分ける。関係副詞 why は，〈理由〉を表す先行詞を後ろから修飾する副詞節を作る。

関係副詞 why

Tell me the reason. + You were late for the reason.
（for the reason＝副詞句）

→ Tell me the reason why you were late.
（the reason＝先行詞 ↑ why＝副詞 you＝S' were late＝V'）

（あなたが遅れた理由を言いなさい。）

➡ 先行詞が〈理由〉を表す reason(s)のとき，関係副詞は why を使う。
➡ 先行詞のあとに〈why + S' + V'〉を続ける。

G-3 関係副詞 where

▶関係副詞 where とは

関係副詞 where は，〈場所〉を表す先行詞を後ろから修飾する副詞節を作る。

関係副詞 where

The hotel was wonderful. + We stayed there.
（there＝副詞）

→ The hotel where we stayed was wonderful.
（The hotel＝先行詞 ↑ where＝副詞 we＝S' stayed＝V'）

（私たちが泊まったホテルはすばらしかった。）

➡ 先行詞が〈場所〉を表す語句のとき，関係副詞は where を使う。
➡ 先行詞のあとに〈where + S' + V'〉を続ける。

関係代名詞 which を使った書きかえ

The hotel was wonderful. + We stayed there[= at the hotel].
（at the hotel＝前置詞 + O'）

→ The hotel at which we stayed was wonderful.
（The hotel＝先行詞 ↑ at which＝〈前置詞 + O'〉 we＝S' stayed＝V'）

（私たちが泊まったホテルはすばらしかった。）

➡ 関係副詞 where は，関係代名詞 which と前置詞を使って書きかえることができる。

G-4 関係副詞 when

▶関係副詞 when とは

関係副詞 when は，〈時〉を表す先行詞を後ろから修飾する副詞節を作る。

関係副詞 when

I remember the day. + I first met you then.
(then: 副詞)

→ I remember the day when I first met you.
(the day: 先行詞 ← when: 副詞, I: S', met: V')

（私は初めてあなたに出会った日を覚えている。）

➡ 先行詞が〈時〉を表す語句のとき，関係副詞は when を使う。

➡ 先行詞のあとに〈when + S' + V'〉を続ける。

Finish Up! ヒント

1.「屋久島は日本初の世界自然(　　)だ。」名詞が入る。(教 p.56, ℓℓ.6 ~ 7)
2.「屋久島は(　　)島で，約 500 平方キロメートルある。」形容詞が入る。(教 p.58, ℓℓ.2 ~ 3)
3.「ここには 40 を超える数の(　　)山々があるので，屋久島は「海のアルプス」と呼ばれている。」形容詞が入る。(教 p.58, ℓℓ.4 ~ 6)
4.「屋久島は 1 年中ずっと温暖で(　　)だ。」形容詞が入る。(教 p.58, ℓℓ.7 ~ 8)
5.「また，たくさん(　　)。」動詞が入る。(教 p.58, ℓℓ.10 ~ 11)
6.「この区域では，厚いコケの(　　)が敷かれた密林を見ることができる。」名詞が入る。(教 p.60, ℓℓ.3 ~ 4)
7.「これは(　　)が 4.39 メートルある大きな木の切り株だ。」名詞が入る。(教 p.60, ℓℓ.7 ~ 8)
8.「内部は(　　)で，その中に入ることができる。」形容詞が入る。(教 p.60, ℓℓ.8 ~ 9)
9.「これは最も古くて(　　)杉の木の 1 つだ。」形容詞が入る。(教 p.62, ℓℓ.1 ~ 2)
10.「人々はそれは 2,000 ~ 7,200 年の樹(　　)だと考えている。」形容詞が入る。(教 p.62, ℓ.3)

OUTPUT ヒント

Listen

1st site

Her impressions/opinions :「世界中の(　　)はそれを訪れ，世界の(　　)を考えるべきだ。」

2nd site

Her impressions/opinions :「それは日本で最も美しい(　　)で，私たちの(　　)を考えることができる。」

Write&Speak

例 I would like to visit Genbaku Dome. It became one of Japan's Cultural Heritage Sites in 1996. Because of the atomic bomb, many people died and got injured. It was a tragedy. I want to visit it to know what happened then and hope this world will last peacefully.

Interact

例

site:

Genbaku Dome

Questions:

How did you know about the Japanese World Heritage Site?

Do you think we need more World Heritage Sites in Japan?

定期テスト予想問題

解答 ➡ p.154

1 日本語に合うように，____に適切な語を入れなさい。

(1) 私の家に来てくれてありがとう。
Thank you ____________ ____________ to my house.

(2) 私たちはあなたにまた会えてうれしい。
We ____________ ____________ ____________ meet you again.

(3) コケに覆われているその木は古い。
The tree ____________ ____________ moss is old.

(4) 彼は最初に留学した生徒でした。
He was the ____________ student ____________ study abroad.

2 (　)内の語のうち，適切なものを選びなさい。

(1) (When, What, Who) I know about him is just his name.

(2) Did you tell her the reason (what, where, why) you were angry?

(3) The lake (which, when, where) we swam yesterday was beautiful.

(4) 1564 is the year (that, when, where) the famous writer was born.

3 日本語に合うように，(　)内の語句を並べかえなさい。

(1) 私はホワイト先生が言ったことを理解できなかった。
(said / what / understand / I / Mr. White / couldn't).
____.

(2) 私が初めてフランスを訪れた年は2010年だった。
(visited / the first / was / when / the year / France / for / time / 2010 / I).
____.

(3) あなたが夕食を食べたレストランはどうでしたか。
(you / how / the restaurant / where / dinner / was / ate)?
____?

4 次の英語を日本語に訳しなさい。

(1) Saturday is the day when I practice the violin.
(　　　　　　　　　　　　　　　　　　　　　　　　)

(2) Is that what you need?
(　　　　　　　　　　　　　　　　　　　　　　　　)

(3) Do you know the park where they play soccer?
(　　　　　　　　　　　　　　　　　　　　　　　　)

(4) I'll tell you the reason why he is busy.
(　　　　　　　　　　　　　　　　　　　　　　　　)

5 次の英文を読んで，あとの問いに答えなさい。

Next, ①I'll introduce (going / the / where / three / we / sites / are). The first site is Shiratani Unsuikyo Ravine. We'll find a dense forest with a thick carpet of moss there. Have you ②(see) the movie, *Princess Mononoke*? Miyazaki Hayao, the director of this movie, was ③(inspire) by this mysterious forest.

The second site is Wilson's Stump. It's a huge tree stump with a diameter of 4.39 m (meters). We can go into it because its inside is empty.

(1) 下線部①が「私は私たちが行くことになっている3つの場所を紹介します」という意味になるように，(　)内の語を並べかえなさい。

I'll introduce ______________________________.

(2) 下線部②③の(　)内の語を適切な形に書きかえなさい。

② ______________　③ ______________

(3) 白谷雲水峡では何を見ることができますか。日本語で答えなさい。

(　　　　　　　　　　　　　　　　　　　　)

(4) 次の質問に英語で答えなさい。

Why can we go into Wilson's Stump?

____

6 次の英文を読んで，あとの問いに答えなさい。

In the Edo period, people on Yakushima began to cut down cedars for *nengu* (land tax). They had to offer boards of cedars ①(　　)(　　) rice. However, some old cedars like the Jomon Cedar were not suitable for the boards, so luckily they survived.

We can't touch or go near the Jomon Cedar now. That's (②) many tourists stepped on the roots and damaged the tree. We must not damage it any more. ③Now is the time when we should think about the importance of eco-tours.

(1) 下線部①が「米のかわりに」という意味になるように，(　)に適切な語を入れなさい。　______________ ______________ rice

(2) (②)に入る適切な語を選びなさい。

a. as　b. because　c. if　d. when　(　　)

(3) 下線部③の英語を日本語に訳しなさい。

(　　　　　　　　　　　　　　　　　　　　)

(4) 次の質問に英語で答えなさい。

What did people on Yakushima offer as *nengu*?

____

Lesson 5 Bailey the Facility Dog

NHK スペシャル「ベイリーとゆいちゃん」2019 年 1 月 27 日放送

PART 1

ポイント ファシリティドッグとしてのベイリーの仕事は何だったのでしょうか。

① In Kanagawa Children's Medical Center, / there was a golden retriever /
神奈川県立こども医療センターには / ゴールデンレトリバーがいました /

named Bailey. // ② Bailey began working in 2010 / as Japan's first facility dog /
ベイリーという名前の // ベイリーは 2010 年に働き始めました / 日本初のファシリティドッグとして /

to work in a hospital. // ③ Bailey's main job was to visit children in hospital, /
病院で働く // ベイリーの主な仕事は病院にいる子どもたちのもとを訪れ /

be touched by them, / and take walks with them. //
彼らと触れ合い / 彼らと散歩をすることでした //

④ He was also involved / in some of the children's treatments. // ⑤ For example, /
彼は関わったりもしました / 子どもたちの治療のいくつかに // 例えば /

he went to the surgery room / with children / who were having operations. //
彼は手術室へ行きました / 子どもたちと / 手術を受ける //

⑥ He showed them / how to take medicine. // ⑦ He relaxed them / during blood
彼は彼らに見せました / 薬の飲み方を // 彼は彼らを落ち着かせました / 血液検査

tests. // ⑧ Bailey did these things / with his partner, Morita Yuko. // ⑨ She said, /
の間 // ベイリーはこれらのことをしました / 彼の相棒，森田優子さんと // 彼女は言いました /

"It is important for us / to have Bailey / as a facility dog / at this hospital." //
「私たちにとって大事なことです / ベイリーがいることは / ファシリティドッグとして / この病院に」と //

単語・熟語チェック

- □ **facility** 名 施設
- □ **facility dog** 名 ファシリティドッグ
- □ **medical** 形 医療の
- □ **golden** 形 金色の
- □ **retriever** 名 レトリバー
- □ **golden retriever** 名 ゴールデンレトリバー
- □ **main** 形 主な
- □ **take walks with ~** 熟 ~と散歩する
- □ **involve** 動〈人〉を(人と)関わらせる
- □ **be involved in ~** 熟 ~に携わる
- □ **treatment** 名 治療
- □ **surgery** 名 手術，(外科)処置
- □ **operation** 名 手術
- □ **how to *do*** 熟 ~の方法[やり方]
- □ **medicine** 名 薬
- □ **relax** 動 落ち着かせる
- □ **blood** 名 血液
- □ **partner** 名 相棒

Check Up! ヒント

1. What was Bailey's main job?
(ベイリーの主な仕事は何でしたか。) →本文③

2. What was Bailey involved in?
(ベイリーは何に携わっていましたか。) →本文④

3. What did Morita Yuko say about Bailey?
（森田優子さんはベイリーについて何と言いましたか。）　→本文⑨

Sum Up! ヒント

ベイリーは日本で(　　)のファシリティドッグだった。彼の主な仕事は病院にいる子どもたちのもとを(　　)ことだった。彼はまた彼らに(　　)の飲み方も見せた。ベイリーの(　　)，森田さんは，「(　　)がファシリティドッグとしてこの病院にいることは，私たちにとって大事なことです。」と言った。

読解のカギ

③ **Bailey's main job was to visit children in hospital, be touched by them, and take walks with them.**
➡ to visit「訪れること」という意味を表す名詞的用法の不定詞。
➡ be touched と take は，visit と並列されている。

④ **He was also involved in some of the children's treatments.**
➡ be involved in ～は「～に携わる」という意味。

Q1. 日本語にしなさい。
I want to be involved in training facility dogs.
(　　　　　　　　　　　　　　　　　　　　　　　　　　　　)

⑤ **... he went to the surgery room with children who were having operations.**
先行詞(人)　関係代名詞(主格)
➡ who were having operations は先行詞 children を修飾する関係代名詞節。

⑥ **He showed them how to take medicine.**
S　V　O　O'
➡ 〈show＋O＋O'〉で「O に O'を見せる」という意味。

Q2. 並べかえなさい。
I'll (you / how / show / to / play) the guitar.
I'll ________________________________ the guitar.

⑧ **Bailey did these things with his partner, Morita Yuko.**
➡ these things は⑤⑥⑦の内容を指している。

⑨ **... "It is important for us to have Bailey as a facility dog at this hospital."**
to 不定詞
➡ 〈It is ...＋to 不定詞〉で「～することは…」という意味。　文法詳細 p.62

Q3. ____ を埋めなさい。
私にとって英語を学ぶことはおもしろいです。
________ is interesting ________ me ________ learn English.

読解のカギ Qの解答　**Q1.** 私はファシリティドッグの訓練に携わりたいです。　**Q2.** (I'll) show you how to play (the guitar.)　**Q3.** It, for, to

PART 2

ポイント ベイリーはどんな種類の訓練を受けたのでしょうか。

①Before coming to the hospital, / Bailey had various kinds of training /
病院に来る前に / ベイリーはさまざまな種類の訓練を受けました /

with Morita. // ② For example, / he was trained / to avoid accidents / and to deal
森田さんと // 例えば / 彼は訓練を受けました / 事故の避け方 / そして人々に

with people / who did not like dogs. // ③ Hospitals are places of great stress. //
対しての振舞い方の / 犬が好きではない // 病院はとてもストレスを感じる場所です //

④ However, / Bailey looked relaxed and happy / because he was always with
しかし / ベイリーは落ち着いて，幸せそうに見えました / いつも森田さんと一緒にいられる

Morita. //
ので //

⑤ In the beginning, / some hospital staff members doubted / if Bailey was truly
当初 / 何人かの病院のスタッフは疑いました / ベイリーが患者に

helpful for patients. // ⑥ However, / he became an important staff member for the
とって本当に助けになるのかを // しかし / 彼は病院にとって大事なスタッフに

hospital. // ⑦ He brought back the smile of one boy / who had many surgeries /
なりました // 彼は1人の少年の笑顔を取り戻しました / 何度も手術を受けた /

for a brain tumor. // ⑧ Moreover, / another boy / who could not speak or move
脳腫瘍(しゅよう)のため // さらに / 他の少年は / 話すことも彼の体を動かすこともでき

his body / opened his eyes / for Bailey. //
なかった / 目を開けました / ベイリーを見るために //

単語・熟語チェック

- □ **training** 名 訓練
- □ **various** 形 さまざまな
- □ **train** 動 訓練する
- □ **avoid** 動 (事故・災害・危険など)を避ける
- □ **accident** 名 事故
- □ **deal** 動 (deal with ～で)～に対応する
- □ **deal with ～** 熟 ～に(うまく)対応する
- □ **stress** 名 ストレス
- □ **beginning** 名 始め
- □ **in the beginning** 熟 最初は
- □ **doubt** 動 疑問に思う
- □ **truly** 副 本当に
- □ **helpful** 形 助けになる，役に立つ
- □ **patient** 名 患者
- □ **bring back ～** 熟 ～を取り戻す
- □ **smile** 名 笑顔
- □ **brain** 名 脳
- □ **tumor** 名 腫瘍
- □ **moreover** 副 その上

Check Up! ヒント

1. What was one type of training Bailey had?
(ベイリーが受けた訓練の一種類は何でしたか。) →本文②

2. What did some hospital staff members doubt?
(何人かの病院のスタッフは何を疑いましたか。) →本文⑤

3. What did Bailey do for one boy who had many surgeries for a brain tumor?
(ベイリーは脳腫瘍のため何度も手術を受けた１人の少年に何をしましたか。) →本文⑦

Sum Up! ヒント

ベイリーは，事故の(　　)方の学習のようなさまざまな種類の(　　)を受けた。何人かの病院のスタッフはベイリーが患者にとって本当に助けになるのかを(　　)。しかし，彼はすばらしい(　　)をした。例えば，彼は，脳腫瘍のために何度も(　　)を受けた１人の少年の笑顔を取り戻した。

読解のカギ

② **… he was trained to avoid accidents and to deal with people who did not like dogs.**

先行詞(人)　関係代名詞(主格)

➡ to avoid と to deal は副詞的用法の不定詞で，was trained を修飾している。
➡ who did not like dogs は〈人〉を表す先行詞 people を修飾する関係代名詞節。

④ **However, Bailey looked relaxed and happy …**

S　V　C

➡〈look＋C〉で「C に見える」という意味。C には形容詞や分詞を置く。

Q1. ＿＿ を埋めなさい。

彼はその知らせを知って悲しそうに見えた。
He ＿＿＿＿＿ ＿＿＿＿＿ to know the news.

⑤ **In the beginning, some hospital staff members doubted if Bailey was truly helpful for patients.**

if「～かどうか」

➡ in the beginning は「最初は」という意味。
➡ この場合の if は「～かどうか」という意味で, if 節は doubted の目的語となっている。

文法詳細 p.63

⑧ **Moreover, another boy who could not speak or move his body opened his eyes for Bailey.**

先行詞(人)　関係代名詞(主格)

➡ who could not speak or move his body は〈人〉を表す先行詞 another boy を修飾する関係代名詞節。
➡ another boy は関係代名詞節を伴った主語で，文全体の動詞は opened である。

Q2. 日本語にしなさい。

The girl who is playing the piano over there is my sister.
(　　　　　　　　　　　　　　　　　　　　　　)

読解のカギ Q の解答　**Q1.** looked sad　**Q2.** あそこでピアノを弾いている少女は私の姉[妹]です。

PART 3

ポイント 子どもたちはどうやって勇気を持って手術に向き合うことができたのでしょうか。

①Many children wanted to go to the surgery room / with Bailey. //
多くの子どもたちが手術室まで行きたがりました / ベイリーと一緒に //

②They were scared of surgery. // ③However, / thanks to Bailey, / they were able to face their operations / with courage. // ④After the surgery, / they and their families could feel relaxed / by touching Bailey. // ⑤Morita wanted them to have a big smile, / even after an operation. //
彼らは手術をこわがりました // しかし / ベイリーのおかげで / 彼らは彼らの手術と向き合うことができました / 勇気を持って // 手術の後 / 彼らとその家族たちは落ち着くことができました / ベイリーと触れ合うことで // 森田さんは彼らに飛び切りの笑顔になってほしかったのです / 手術の後であっても //

⑥The scientific effects of facility dogs are not yet clear, / but dogs are thought to help relax patients. // ⑦According to a study in Japan, / when a dog and its owner looked at each other, / oxytocin was released / in the human's body. // ⑧It is a hormone / that helps reduce pain and anxiety. //
ファシリティドッグの科学的な効果はまだ明らかになっていません / しかし，犬は患者たちを落ち着かせる助けになると考えられています // 日本の研究によると / 犬とその飼い主が互いにじっと見つめ合ったとき / オキシトシンが分泌されたのです / 人間の体内で // それはホルモンです / 痛みや不安を和らげる助けをする //

単語・熟語チェック

- □ **face** 動 (人・危険など)に臆せず立ち向かう
- □ **courage** 名 勇気
- □ **scare** 動 ～をこわがらせる
- □ **be scared of ～** 熟 ～におびえる
- □ **thanks to ～** 熟 ～のおかげで
- □ **scientific** 形 科学的な
- □ **effect** 名 効果
- □ **be thought to *do*** 熟 ～すると考えられている
- □ **help *do*** 熟 ～するのを助ける
- □ **owner** 名 所有者
- □ **oxytocin** 名 オキシトシン
- □ **release** 動 ～を放出する
- □ **human** 名 人間
- □ **hormone** 名 ホルモン
- □ **reduce** 動 ～を弱める
- □ **pain** 名 痛み
- □ **anxiety** 名 不安

Check Up! ヒント

1. How did many children feel when they went to the surgery room?
（多くの子どもたちは手術室へ行くときにどう感じましたか。） →本文②

2. How did the children and their families feel relaxed after the surgery?
（子どもたちと彼らの家族はどうやって手術の後落ち着きましたか。） →本文④

3. What effect does oxytocin have?
（オキシトシンにはどんな効果がありますか。） →本文⑧

Sum Up! ヒント

(　　)のおかげで，多くの子どもたちが(　　)を持って手術に向き合うことができた。彼らと彼らの家族は手術の後ベイリーに触れることで(　　)こともできた。ファシリティドッグの科学的な(　　)は明らかになっていないが，犬は(　　)を落ち着かせる助けになると考えられている。

読解のカギ

② **They were scared of surgery.**

➡ be scared of ～は「～におびえる」という意味。They は①の Many children を指す。

Q1. ____ を埋めなさい。

私の妹は犬におびえます。

My sister ____________ ____________ ____________ dogs.

③ **However, thanks to Bailey, they were able to face their operations with courage.**

➡ thanks to ～は「～のおかげで」という意味。

➡ be able to *do* は「～できる」という意味。助動詞 can の代わりに使うことができる。

⑤ **Morita wanted them to have a big smile, even after an operation.**

want + O + to 不定詞「O に～してほしい」

➡ 〈want + O + to 不定詞〉で「O に～してほしい」という意味。them は患者である子どもたちとその家族たちを指す。 文法詳細 p.63

Q2. 並べかえなさい。

私の両親は私にピアノを習ってほしいと思っていました。

(me / my / to / parents / learn / wanted / the piano).

____.

⑥ **..., but dogs are thought to help relax patients.**

➡ be thought to *do* は「～すると考えられている」という意味。

➡ help *do* は「～するのを助ける」という意味。

Q3. 日本語にしなさい。

This medicine helps repair your skin.

(　　　　　　　　　　　　　　　　　　　　　　　　)

⑧ **It is a hormone that helps reduce pain and anxiety.**

先行詞(物) ↑ 関係代名詞(主格)

➡ that は主格の関係代名詞で，節を伴って直前の名詞 a hormone を修飾している。

Q4. 並べかえなさい。

それは世界中で人気のある本です。It (is / is / a book / popular / that) around the world.

It ____ around the world.

読解のカギ Q の解答　**Q1.** is scared of　**Q2.** My parents wanted me to learn the piano(.)
Q3. この薬はあなたの肌を修復するのを助けます。　**Q4.** (It) is a book that is popular (around the world.)

PART 4

ポイント アニーとは誰なのでしょうか。

① Having facility dogs / in the hospital / sometimes has problems. //
ファシリティドッグがいることは / 病院に / 時に問題になります //

② For example, / it costs about ten million yen / every year / to pay for one facility dog and its full-time handler. //
例えば / 約1,000万円かかります / 毎年 / 一頭のファシリティドッグとその専任のハンドラーの費用を賄うためには //

③ However, / facility dogs are important medical workers / for patients and their families. //
しかし / ファシリティドッグは重要な医療従事者です / 患者たちとその家族たちにとって //

④ In 2018, / Bailey finished working / as a facility dog. //
2018年 / ベイリーは仕事を終えました / ファシリティドッグとしての //

⑤ He helped / about 3,000 children / for eight years. //
彼は助けました / 約3,000人の子どもたちを / 8年間で //

⑥ Even after retirement, / Bailey visited children / in places like hospital libraries / as a volunteer. //
引退した後も / ベイリーは子どもたちのもとを訪れました / 病院の図書室などの場所にいる / ボランティアとして //

⑦ Bailey's successor, Annie, is Japan's first female facility dog. //
ベイリーの後継者，アニーは，日本初の雌のファシリティドッグです //

⑧ She watched Bailey work / and learned many things. //
彼女はベイリーが働くところを見て / たくさんのことを学びました //

⑨ Now / she is actively working / as a facility dog. //
今 / 彼女は活動的に働いています / ファシリティドッグとして //

⑩ She also seems to enjoy making people feel happy. //
彼女は人々を幸せにすることを楽しんでもいるようです //

単語・熟語チェック

- □ **million** 形 100万の
- □ **full-time** 形 専任の
- □ **handler** 名 調教師，ハンドラー
- □ **retirement** 名 引退
- □ **successor** 名 後継者
- □ **female** 形 雌の
- □ **actively** 副 活発に
- □ **seem to *do*** 熟 ～するようだ

Check Up! ヒント

1. How much does it cost every year to pay for one facility dog and its full-time handler?
（一頭のファシリティドッグとその専任のハンドラーの費用を賄うために毎年いくらかかりますか。）
→本文②

2. What did Bailey do after retirement?
（ベイリーは引退後，何をしましたか。） →本文⑥

3. What does Annie seem to enjoy?
（アニーは何を楽しんでいるようですか。） →本文⑩

Sum Up! ヒント

ファシリティドッグが病院にいることは時に(　　)になる。しかし，ファシリティドッグは(　　)とその家族にとって重要だ。ベイリーは8年間で約3,000人の子どもたちを

(　　)。ベイリーの後継者，アニーは日本で最初の(　　)のファシリティドッグだ。彼女は人々を幸せに(　　)させることを楽しんでいるようだ。

読解のカギ

① **Having facility dogs in the hospital sometimes has problems.**
S　V　O

➡ 動名詞 Having が facility dogs in the hospital を伴って「～することは」という意味の主語になっている。

Q1. 日本語にしなさい。

Taking a shower late at night has problems.

(　　　　　　　　　　　　　　　　　　　　　　　　)

② **... it costs about ten million yen every year to pay for one facility dog and its full-time handler.**

➡ 〈it costs ... to 不定詞〉の形で「～するのに…かかる」という意味になる。この it は「それは」という意味ではない。

Q2. 並べかえなさい。

東京駅まで電車で 2,000 円ぐらいかかります。

(about / two thousand yen / to / it / go / costs) to Tokyo Station by train.

________________________________ to Tokyo Station by train.

④ **In 2018, Bailey finished working as a facility dog.**

➡ 〈finish＋動詞の -ing 形〉で「～することを終える」という意味。

➡ as は「～として」という意味。肩書や役割などを表すときに使う。

⑧ **She watched Bailey work and learned many things.**

➡ 〈watch＋O＋動詞の原形〉は「O が～するのを見る」という意味で，watch は知覚動詞である。

文法詳細 p.64

➡ She は，⑦で言及されるベイリーの後継者のファシリティドッグのアニーを指す。

⑩ **She also seems to enjoy making people feel happy.**

➡ seem to *do* は「～するようだ」という意味。

➡ 〈enjoy＋動詞の -ing 形〉で「～することを楽しむ」という意味。

➡ 〈make＋O＋動詞の原形〉は「O に～させる」という意味で, make は使役動詞である。

文法詳細 p.64

Q3. 並べかえなさい。

私は人々を笑わせることが好きです。

(make / I / laugh / to / people / like).

________________________________.

読解のカギ Q の解答　**Q1.** 夜遅くにシャワーを浴びることには問題がある。　**Q2.** It costs about two thousand yen to go (to Tokyo Station by train.)　**Q3.** I like to make people laugh(.)

Grammar

G-1 不定詞の意味上の主語 for *A*

▶形式主語とは

「～することは…である」という意味は，形式的に it を主語の位置に置き，真主語である to 不定詞を文の後ろに置いて，〈It is ... + to 不定詞〉の形で表すことができる。この形式的な it を形式主語という。

名詞的用法の不定詞

To stay here is dangerous.

不定詞を文の後ろに置く

→ It is dangerous to stay here.

形式主語　真主語

（ここにとどまるのは危険だ。）

➡ to stay here が主語として使われている文。

➡ 不定詞を含む長い語句が主語になる場合，上のように形式主語の it を文の主語の位置に置き，真主語である不定詞は文の後ろに置くことが多い。

➡ 形式主語 it は「それは」という意味ではないので注意する。

▶不定詞の意味上の主語とは

「*A* が～することは…である」というように，動作を行う人を表す必要があるときは，〈for *A*〉を to 不定詞の前に置いて，〈It is ... for *A* + to 不定詞〉の形で表す。〈for *A*〉を不定詞の意味上の主語という。

It is dangerous for children to stay here.

形式主語　意味上の主語　真主語

（子どもたちがここにとどまるのは危険だ。）

➡ for children は to 不定詞 to stay の意味上の主語になっている。

It is good to listen to music.

形式主語　真主語

（音楽を聞くことはよい。）

➡ この文では，to 不定詞の意味上の主語は一般的な人々である。このような場合，〈for *A*〉を入れる必要はない。

G-2 if[whether]を使う間接疑問文

▶間接疑問文とは

Yes, No で答えられる疑問文が，別の文の中で目的語 (O) などになる場合，これを間接疑問文という。間接疑問文では，疑問文の語順ではなく，平叙文〈S+V〉の語順になる。

［疑問文］　Will Tom come?　（トムは来るだろうか。）
疑問文の語順
I don't know.　（私にはわからない。）
［間接疑問文］　I don't know if[whether] Tom will come.
平叙文の語順
（トムが来るかどうかはわからない）

➡ if[whether]は「～かどうか」という意味。
➡ 間接疑問文では，Tom will come という，平叙文〈S+V〉の語順になっている。
➡ if[whether] Tom will come は，動詞 know の目的語になっている。

G-3 S＋V＋O＋to 不定詞

▶〈S+V+O+to 不定詞〉とは

〈want＋O＋to 不定詞〉で「O に～してほしい」という意味を表す。他にも同様に，〈S＋V＋O〉のあとに to 不定詞が続いて，〈S＋V＋O＋to 不定詞〉の形で用いる動詞がある。この形の文では，to 不定詞が表す動作を行うのは主語 (S) ではなく，目的語 (O) であることに注意。この形をとる動詞の例として，tell などがある。

I want you to come to tomorrow's party.
O　to 不定詞
（私はあなたに明日のパーティーに来てほしい。）

➡〈want＋O＋to 不定詞〉で「O に～してほしい」という意味。
➡「パーティーに来る」という動作を行うのは主語 I ではなく，目的語 you である。

He told me to save a seat for him.
O　to 不定詞
（彼は私に彼の席を取っておくように言った。）

➡〈tell＋O＋to 不定詞〉で「O に～するように言う」という意味。
➡「席を取る」という動作を行うのは主語 He ではなく，目的語 me である。

G-4 S＋V[知覚動詞／使役動詞]＋O＋動詞の原形

▶知覚動詞とは

watch や see のように，知覚に関する意味を表す動詞を知覚動詞という。これらの動詞は〈知覚動詞＋O＋動詞の原形〉の形を作り，「O が～するのを…する」という意味を表す。動詞の原形が表す動作を行うのは主語(S)ではなく，目的語の(O)であることに注意。

I saw the man get out of the car.　(私はその男が車から降りるのを見た。)
the man：O　get out of the car：動詞の原形

➡〈see＋O＋動詞の原形〉で「O が～するのを見る」という意味。
➡「車から降りる」という動作を行うのは主語 I ではなく，目的語 the man である。

▶使役動詞とは

make, have, let のように，相手に「～させる」という意味を表す動詞を使役動詞という。これらの動詞は〈使役動詞＋O＋動詞の原形〉の形を作り，「O に～させる」という意味を表す。動詞の原形が表す動作を行うのは主語(S)ではなく，目的語の(O)であることに注意。

My mother made me clean my room.　(母は私に部屋を掃除させた。)
me：O　clean my room：動詞の原形

➡〈make＋O＋動詞の原形〉で「O に(強制的に)～させる」という意味。
➡「掃除する」のは主語 my mother ではなく，目的語 me である。

I had the doorman carry my baggage.　(私はドアマンにバッグを運んでもらった。)
the doorman：O　carry my baggage：動詞の原形

➡〈have＋O＋動詞の原形〉で「O に(依頼して)～させる，してもらう」という意味。
➡「運ぶ」という動作を行うのは主語 I ではなく，目的語 the doorman である。

My father let me go to the movies.　(父は私を映画に行かせてくれた。)
me：O　go to the movies：動詞の原形

➡〈let＋O＋動詞の原形〉で「O に(許可して)～させる，させてやる」という意味。
➡「行く」という動作を行うのは主語 my father ではなく，目的語 me である。

Finish Up! ヒント

1.「彼は日本初の(　　)ドッグだ。」名詞が入る。(教 p.72, ll.2 ～ 4)
2.「彼は森田さんとさまざまな種類の(　　)を受けた。」名詞が入る。(教 p.74, ll.1 ～ 2)
3.「彼は手術を受ける子どもたちと一緒に(　　)室へ行った。」名詞が入る。
(教 p.72, ll.8 ～ 9)
4.「彼は子どもたちに(　　)の飲み方を見せた。」名詞が入る。(教 p.72, l.10)
5.「彼は血液検査の間, 子どもたちを(　　)。」動詞が入る。(教 p.72, ll.10 ～ 11)
6.「彼は脳腫瘍のために何度も手術を受けた少年の(　　)を取り戻した。」名詞が入る。
(教 p.74, ll.10 ～ 11)
7.「彼は話すことも体を動かすこともできなかった少年が(　　)を開けるのを助けた。」
名詞が入る。(教 p.74, ll.12 ～ 13)
8.「彼は 8 年間で約(　　)人の子どもたちを助けた。」数字が入る。(教 p.78, l.8)
9.「彼女は日本初の(　　)ファシリティドッグだ。」形容詞が入る。(教 p.78, ll.11 ～ 12)
10.「彼女はベイリーが(　　)ところを見てたくさんのことを学んだ。」動詞が入る。
(教 p.78, ll.12 ～ 13)
11.「彼女は人々を(　　)することを楽しんでいるようだ。」形容詞が入る。
(教 p.78, ll.14 ～ 15)

OUTPUT ヒント

Listen

Risa: 「ファシリティドッグは病院にいる病気の人々を(　　)によって, 彼らを(　　)にさせることができる。」
「人々はファシリティドッグと一緒にいて(　　)ことができる。」

Daisuke: 「ファシリティドッグは時々(　　)かもしれない。」
「ファシリティドッグは毎日(　　)に入らない。」

Write&Speak

例 I don't think it is a good idea to have facility dogs in hospitals.
(reason) Some sick people may be scared of dogs.
(one more sentence) Patients may not be able to feel relaxed with dogs.
Therefore, I am against the idea of having facility dogs in hospitals.

Interact

例
against
Reason:
Patients may feel scared of facility dogs in hospitals.
Questions:
Do you know how to train facility dogs?
Do you think facility dogs can be helpful if they are trained well?

定期テスト予想問題

解答 ➡ p.155

1 日本語に合うように，____に適切な語を入れなさい。

(1) 私たちは慎重にこの問題に対応しなければならない。
We must deal ______ this problem carefully.

(2) 姉のおかげで，このレポートを仕上げることができた。
______ to my sister, I was able to finish this report.

(3) 娘は大きな犬によくおびえています。
My daughter ______ often scared ______ big dogs.

(4) この薬は痛みを減らすのを助けます。
This medicine ______ ______ pain.

2 (　)内の語句のうち，適切なものを選びなさい。

(1) It's fun for me (visit, to visit) places I have never been to.

(2) I wonder if (does he like, he likes) cookies.

(3) They wanted me (studying, to study) abroad.

3 日本語に合うように，(　)内の語句を並べかえなさい。

(1) 先週の日曜日にあなたが新しいかばんを買うのを見ました。
(you / I / buy / a new bag / saw) last Sunday.
______ last Sunday.

(2) カレーライスの作り方を教えてもらえませんか。
(curry and rice / to / you / show / how / me / can / cook)?
______?

(3) 明日晴れるかどうか私にははっきりとわからない。
(I'm / whether / sure / be / not / will / it / sunny) tomorrow.
______ tomorrow.

(4) どうか私にもう一度ピアノを弾かせてください。
Please (play / me / the piano / let) again.
Please ______ again.

4 次の日本語を英語にしなさい。

(1) あなたは彼らを笑わせることができますか。
______

(2) 私の父は私に水をたくさん飲むように言った。
______

(3) 彼のお兄さんは彼にこの本を読んでほしいと思っている。
______

5 次の英文を読んで，あとの問いに答えなさい。

He ①was also involved (　　) some of the children's treatments. For example, he went to the surgery room with children who were ②(have) operations. He showed them how to take medicine. He relaxed them during blood tests. Bailey did ③these things with his partner, Morita Yuko. She said, "④(for / Bailey / is / important / to / us / have / it) as a facility dog at this hospital."

(1) 下線部①が「～に携わったりもした」という意味になるように，(　)に適切な語を入れなさい。　＿＿＿＿＿＿

(2) 下線部②の(　)内の語を適切な形に書きかえなさい。　＿＿＿＿＿＿

(3) 下線部③の these things が指すことを日本語で３つ書きなさい。

＿＿＿＿＿＿＿＿＿＿＿＿＿＿＿＿＿＿＿＿

＿＿＿＿＿＿＿＿＿＿＿＿＿＿＿＿＿＿＿＿

＿＿＿＿＿＿＿＿＿＿＿＿＿＿＿＿＿＿＿＿

(4) 下線部④が「私たちにとってベイリーがファシリティドッグとしてこの病院にいることは大事だ。」という意味になるように，(　)内の語を並べかえなさい。

＿＿＿＿＿＿＿＿＿＿＿＿＿＿＿＿＿＿＿＿

as a facility dog at this hospital.

6 次の英文を読んで，あとの問いに答えなさい。

①Having facility dogs in the hospital sometimes has problems. For example, it costs about ten million yen every year to pay for one facility dog and its full-time handler. (　②　), facility dogs are important medical workers for patients and their families.

In 2018, Bailey finished ③(work) as a facility dog. He helped about 3,000 children for eight years. Even after retirement, Bailey visited children in places like hospital libraries as a volunteer.

(1) 下線部①の英語を日本語に訳しなさい。

(　　　　　　　　　　　　　　　　　　　　)

(2) (　②　)に入る適切な語を選びなさい。

a. Therefore　　b. However　　c. Then　　d. So　　(　　　)

(3) 下線部③の(　)内の語を適切な形に書きかえなさい。

＿＿＿＿＿＿

(4) 次の質問に英語で答えなさい。

How much does it cost every year to pay for one facility dog and its full-time handler?

＿＿＿＿＿＿＿＿＿＿＿＿＿＿＿＿＿＿＿＿

NHK スペシャル「ベイリーとゆいちゃん」2019 年 1 月 27 日放送

Lesson 6 Communication without Words

PART 1

ポイント 私たちはどうやって感情を伝えるのでしょうか。

① Words are not the only tool / we use / to communicate our feelings. // ② We
言葉は唯一の手段ではありません / 私たちが用いる / 私たちの感情を伝えるために //

also lean forward, / fold our arms / or narrow our eyes. // ③ This type of
私たちはまた，身を乗り出したり / 腕を組んだり / 目を細めたりもします // この種の

communication / is called non-verbal communication, / or communication without
コミュニケーションは / 非言語コミュニケーションと呼ばれています / または，言葉を伴わないコミュニ

words. // ④ It plays an important role / in our daily lives. // ⑤ The fact is /
ケーション // それは大事な役割を果たしています / 私たちの日常生活で // 実際には /

that over 60% of our communication is non-verbal. //
私たちのコミュニケーションの 60 パーセント以上が非言語コミュニケーションなのです //

⑥ There are several types of non-verbal communication. // ⑦ We use our arms
非言語コミュニケーションにはいくつかの種類があります // 私たちは，腕や手を

and hands / to ask questions and give information. // ⑧ Our faces can also express
使います / 質問をしたり，情報を与えたりするために // 私たちの顔も，驚き，喜びや怒りを

surprise, happiness, and anger. // ⑨ Moreover, / our tone of voice, clothing, and
表現することができます // さらに / 私たちの声の調子，服装，

the physical distance between people / are considered non-verbal communication. //
人と人の間の物理的距離も / 非言語コミュニケーションだとみなされています //

単語･熟語チェック

- □ **communication** 名 意思疎通，コミュニケーション
- □ **communicate** 動 ～を伝える
- □ **feeling** 名 感情
- □ **tool** 名 手段
- □ **lean** 動 上体を曲げる
- □ **forward** 副 前方へ
- □ **fold** 動 ～を組む
- □ **narrow** 動 (目など)を細める
- □ **non-verbal** 形 非言語の
- □ **role** 名 役割
- □ **play an important role** 熟 重要な役割を果たす
- □ **daily** 形 日常の
- □ **information** 名 情報
- □ **express** 動 ～を表現する
- □ **surprise** 名 驚き
- □ **happiness** 名 喜び
- □ **anger** 名 怒り
- □ **tone** 名 調子
- □ **clothing** 名 衣類
- □ **physical** 形 物理的な
- □ **consider** 動 (人・物・事)を～だとみなす

Check Up! ヒント

1. What is non-verbal communication?
（非言語コミュニケーションとは何ですか。） →本文③

2. How much of our communication is non-verbal?
（私たちのコミュニケーションのどのくらいが非言語のものですか。） →本文⑤

3. What can our faces express? （私たちの顔は何を表現することができますか。） →本文⑧

Sum Up! ヒント

私たちは私たちの(　　)を伝えるために(　　)たり腕を組んだりする。この種のコミュニケーションは(　　)コミュニケーションと呼ばれている。実際，私たちの(　　)の60パーセント以上が非言語のものだ。私たちの(　　)でさえも驚き，喜び，怒りを表現することができる。

読解のカギ

① **Words are not the only tool we use to communicate our feelings.**
先行詞(物) ↑ 関係代名詞が省略されている

➡ the only tool が関係代名詞節に修飾されている。目的格の関係代名詞は省略できる。

Q1. 並べかえなさい。

これは今日あなたが食べてもいい最後のクッキーです。
This (can / eat / the last cookie / is / you) today.
This ________________________________ today.

③ **This type of communication is called non-verbal communication, …**
➡ is called は現在形の受動態。「呼ばれている」という受け身の意味を表す。

Q2. 日本語にしなさい。

What is this library called?
(　　　　　　　　　　　　　　　　　　　　)

④ **It plays an important role in our daily lives.**
➡ It は③の non-verbal communication を指している。

⑤ **The fact is that over 60% of our communication is non-verbal.**
➡ The fact is that …は「実際には…ということである」という意味で，that 以下が文全体の補語になっている。

文法詳細 p.76

Q3. ____ を埋めなさい。

実際はたくさんの人が私の意見に賛成してくれたということである。
The fact ________ ________ many people agreed with my opinion.

読解のカギ Q の解答 **Q1.** (This) is the last cookie you can eat (today.) **Q2.** この図書館は何と呼ばれていますか。
Q3. is that

PART 2

ポイント 非言語コミュニケーションは場所によってどのように異なるのでしょうか。

① Non-verbal communication is different / in different places. // ② For example, / smiling expresses happiness / in many countries, / while in Japan, / it can express embarrassment. // ③ Shaking one's head usually means "no," / but / it can show the opposite meaning / in Bulgaria. //
非言語コミュニケーションは異なります / 場所によって // 例えば / ほほ笑みは喜びを表します / 多くの国々で / 一方日本では / 困惑を表すこともできます // 首を横に振ることは一般的に「いいえ」を意味します / しかし / 正反対の意味を表すことができます / ブルガリアでは //

④ Other gestures can show different meanings / from place to place, / too. // ⑤ For instance, / we make a V-sign / when we take pictures. // ⑥ This sign has a positive meaning / in many parts of the world. // ⑦ However, / if you show the V-sign / with the back of your hand / in Britain, / it is an insult. //
ほかの身振りは異なる意味を表すことができます / 場所によって / ～もまた // 例えば / 私たちはVサインをします / 写真を撮るとき // このサインは好意的な意味を持ちます / 世界の多くの場所で // しかし / もしみなさんがVサインを見せたなら / 手の甲を向けて / イギリスで / それは侮辱になります //

単語・熟語チェック

□ **differ**	動	異なる
□ **differ from place to place**	熟	場所によって異なる
□ **embarrassment**	名	きまり悪さ
□ **shake**	動	～を振る
□ **shake *one's* head**	熟	首を振る
□ **opposite**	形	逆の
□ **Bulgaria**	名	ブルガリア
□ **gesture**	名	しぐさ，ジェスチャー
□ **instance**	名	例，(for instance で)例えば
□ **V-sign**	名	Vサイン
□ **sign**	名	身振り
□ **positive**	形	好意的な
□ **Britain**	名	イギリス
□ **insult**	名	侮辱(となるもの)

Check Up! ヒント

1. What does smiling express in many countries?
(多くの国々ではほほ笑みは何を表しますか。) →本文②

2. What does shaking one's head mean in Bulgaria?
(ブルガリアでは首を横に振ることは何を意味しますか。) →本文③

3. What gesture is an insult in Britain?
(イギリスではどんなジェスチャーが侮辱になりますか。) →本文⑦

Sum Up! ヒント

国が違えば非言語コミュニケーションも異なる。例えば，(　　)は多くの国々で喜びを表すが，その一方で日本では時々(　　)を表す。さらに，Vサインは多くの国々で(　　)な意味を持つ。しかし，(　　)の甲を見せたら，イギリスでは(　　)になる。

読解のカギ

② **For example, smiling expresses happiness in many countries, while in Japan, it can express embarrassment.**

(smiling = S, expresses = V, happiness = O; it = S', can express = V', embarrassment = O')

➡ while は対比を表す接続詞。..., while ～で「…だが，一方～」という意味を表す。

文法詳細 p.76

➡ it は1つ目の節の主語である smiling を指す。

Q1. 日本語にしなさい。

My brother can play soccer, while I can play basketball.

(　　　　　　　　　　　　　　　　　　　　　　　　　　　　)

③ **Shaking one's head usually means "no," but it can show the opposite meaning in Bulgaria.**

(Shaking one's head = S)

➡ Shaking は動名詞で one's head を伴って主語の役割をしている。shake one's head は「首を振る」という意味。

➡ it は文の前半の Shaking one's head を指す。

➡ the opposite meaning は，no と「正反対の意味」であるということ。

Q2. ____ を埋めなさい。

腕を組むことは多くの異なる意味を持ちます。

______________ arms has many different meanings.

⑥ **This sign has a positive meaning in many parts of the world.**

➡ This sign は⑤の a V-sign を指す。

⑦ **However, if you show the V-sign with the back of your hand in Britain, it is an insult.**

➡ with the back of your hand は「手の後ろを使って」，つまり「手の甲を向けて」という意味。この with は手段を表し「～で，～を使って」という意味。

➡ it は手の甲を向けて V サインを見せることを指す。

Q3. 日本語にしなさい。

He showed happiness with a smile.

(　　　　　　　　　　　　　　　　　　　　　　　　　　　　)

読解のカギ Q の解答　**Q1.** 私の兄[弟]はサッカーができるが，一方で私はバスケットボールができる。
Q2. Folding　**Q3.** 彼は笑顔で喜びを示した。

PART 3

ポイント 宗教や文化はどのように非言語コミュニケーションに影響するのでしょうか。

① Non-verbal communication is strongly influenced / by religion or culture. //
非言語コミュニケーションは強く影響されます / 宗教や文化に //

② For example, / in Japan / we bow / when we greet, / while in many other Asian countries / people put their hands together. // ③ The Maori greeting is another interesting example. // ④ Maori people put their noses together. //
例えば / 日本では / 私たちはおじぎをします / あいさつをするとき / 一方アジアの他の多くの国々では / 人々は手を合わせます // マオリ族のあいさつは別の興味深い例です // マオリ族の人々は彼らのお互いの鼻をくっつけます //

⑤ In the US, / people are told to look directly at each other / when they are talking. // ⑥ This can show honesty and interest. // ⑦ However, / people in South Korea tend to avoid making long eye contact / with older people. // ⑧ They think it more polite to look to the side / from time to time / during a conversation. //
アメリカでは / 人々はお互いをまっすぐに見るように言われます / 話すときは // これは誠実さと興味を表すことができます // しかし / 韓国の人々は長いアイコンタクトを避ける傾向があります / 年長者との // 彼らは横を見ることがより礼儀正しいと考えています / 時折 / 会話の途中 //

単語・熟語チェック

□ **bow**	動 おじぎをする
□ **greet**	動 〈人〉にあいさつをする
□ **Maori**	形 マオリ人の
□ **greeting**	名 あいさつ
□ **directly**	副 まっすぐに
□ **honesty**	名 誠実さ
□ **tend**	動 よく～する
□ **tend to *do***	熟 ～する傾向がある
□ **avoid *doing***	熟 ～することを避ける
□ **contact**	名 接触，コンタクト
□ **polite**	形 礼儀正しい
□ **from time to time**	熟 ときどき

Check Up! ヒント

1. How do Maori people greet each other?
(マオリ族の人々はどうやってお互いにあいさつしますか。) →本文④

2. What are people in the US told to do when they are talking?
(アメリカの人々は話すときに何をするように言われますか。) →本文⑤

3. Why do people in South Korea tend to avoid making long eye contact with older people?
(なぜ韓国の人々は年長者との長いアイコンタクトを避ける傾向があるのですか。) →本文⑧

Sum Up! ヒント

非言語コミュニケーションは宗教や文化に(　　)。日本では，私たちは他人にあいさつするときに(　　)が，アジアの他の多くの国々では人々は(　　)を合わせる。さらに，アメリカでは，会話中にお互いをまっすぐに見ることは(　　)と相手への興味を表すことができる。韓国では，ときどき(　　)を見ることは礼儀正しい。

読解のカギ

① **Non-verbal communication is strongly influenced by religion or culture.**

➡ is influenced は現在形の受動態。「影響される」という受け身の意味を表す。動作を行う人や物は〈by ～〉の形で後ろに置く。

Q1. ＿＿ を埋めなさい。

このいすは私の父によって使われます。

This chair ＿＿＿＿＿ ＿＿＿＿＿ ＿＿＿＿＿ my father.

② **For example, in Japan we bow when we greet, while in many other Asian countries people put their hands together.**

➡ ..., while ～は「…だが，一方～」という対比の意味を表す。文中の２つの節の内容を対比している。 文法詳細 p.76

⑥ **This can show honesty and interest.**

➡ This は⑤の to look directly at each other when they are talking を指す。

⑦ **However, people in South Korea tend to avoid making long eye contact with older people.**

➡ tend to *do* で「～する傾向がある」という意味を表す。

➡ avoid *do*ing で「～することを避ける」という意味を表す。

Q2. ＿＿ を埋めなさい。

私たちは混んでいるときに店へ行くのを避ける傾向があります。

We tend ＿＿＿＿＿ avoid ＿＿＿＿＿ to a shop when it's crowded.

⑧ **They think it more polite to look to the side from time to time during a conversation.**

➡ 〈think it＋形容詞＋to 不定詞〉の形で「～することを…だと考える」という意味。it は形式目的語といい，真の目的語は to 不定詞以降の部分。think の直後の it は「それを」という意味で使われていないことに注意。 文法詳細 p.77

Q3. 並べかえなさい。

この川で泳ぐのは危険だと思います。

(swim / I / it / think / dangerous / to) in this river.

＿＿＿＿＿＿＿＿＿＿＿＿＿＿＿＿＿＿＿＿ in this river.

読解のカギ Q の解答 **Q1.** is used by **Q2.** to, going **Q3.** I think it dangerous to swim (in this river.)

PART 4

ポイント なぜ私たちは非言語コミュニケーションを理解すべきなのでしょうか。

① It is important / to understand non-verbal communication, / especially when
大事なことです / 非言語コミュニケーションを理解することは / 特に，私たちが
we talk with people / from other cultures. // ② One helpful way / to learn about
人々と話すときに / 異なる文化圏の // 役に立つ方法の1つは / 非言語
non-verbal communication / is to watch foreign movies or video sites. //
コミュニケーションについて学ぶための / 海外の映画やビデオ・サイトを観ることです //
③ Of course, / it is also a good idea / to ask people directly / what they mean. //
もちろん / ～も良い考えです / 人々に直接尋ねること / 彼らが何を意味しているのか //
④ Because we use non-verbal communication unconsciously, / we are not
私たちは非言語コミュニケーションを無意識に使うため / 私たちは普段
usually aware / of what messages we are sending to others. // ⑤ Misunderstandings
気付いていません / どんなメッセージを他人に送っているのか // 誤解が人々を
may make people angry / or make you lose business opportunities. // ⑥ Therefore, /
怒らせたり， / あなたから仕事の機会を失わせたりするかもしれません // したがって /
before communicating with people / from other countries, / consider your own
人々とコミュニケーションを取る前に / 他国からの / あなた自身の非言語
non-verbal communication. // ⑦ Understanding both your own and others' non-verbal
コミュニケーションについてよく考えてみましょう // あなた自身と他人の非言語コミュニケーションの両方を
communication / can help you communicate better / and avoid misunderstandings. //
理解することは， / あなたのより良いコミュニケーションを助けることができ， / そして誤解を避けることができます //

単語・熟語チェック

□ **unconsciously**	副	無意識に
□ **aware**	形	～であることに気づいている
□ **be aware of ～**	熟	～に気づいている
□ **misunderstanding**	名	誤解
□ **business**	名	仕事，ビジネス
□ **opportunity**	名	機会，チャンス
□ **therefore**	副	したがって
□ **both *A* and *B***	熟	*A* と *B* の両方
□ **help *A* *do***	熟	*A* が～するのを助ける

Check Up! ヒント

1. What is helpful to learn about non-verbal communication?
(非言語コミュニケーションについて学ぶために何が役に立ちますか。) →本文②③

2. What may happen when there are misunderstandings?
(誤解があったときに何が起こるかもしれませんか。) →本文⑤

3. What should we do before communicating with people from other countries?
(他国からの人々とコミュニケーションを取る前に私たちは何をすべきですか。) →本文⑥

Sum Up! ヒント

私たちは海外の(　　)やビデオ・サイトから非言語コミュニケーションについて学ぶこと

ができる。私たちは非言語コミュニケーションを(　　)使っているので，(　　)が起こるかもしれない。したがって，私たちのより良い(　　)を助けて，他の人との誤解を(　　)ために，私たちは自分たち自身の非言語コミュニケーションについてよく考えるべきだ。

読解のカギ

② **One helpful way to learn about non-verbal communication is to watch foreign movies or video sites.**

S (way) ← to learn ... / V (is) / C (to watch)

➡ to learn は，〈to＋動詞の原形〉で「～するための」という意味を表す不定詞の形容詞的用法。名詞 way を修飾している。

➡ to watch は，〈to＋動詞の原形〉で「～すること」という意味を表す不定詞の名詞的用法。文の補語の働きをしている。

Q1. 日本語にしなさい。

One good way to learn English is to listen to English songs.

(　　　　　　　　　　　　　　　　　　　　　　　　　　　)

③ **Of course, it is also a good idea to ask people directly what they mean.**

間接疑問文 (what they mean)

➡ 疑問詞を含む疑問文が文全体の目的語などになっているとき，疑問詞の後ろは平叙文の語順になる。このような疑問文を間接疑問文という。 文法詳細 p.78

Q2. ___ を埋めなさい。

私は彼が何と言ったのか理解していません。

I don't understand ______ ______ ______.

④ **Because we use non-verbal communication unconsciously, we are not usually aware of what messages we are sending to others.**

間接疑問文 (what messages we are sending to others)

➡ be aware of ～は「～に気づいている」という意味。

➡ 間接疑問文では，疑問詞 what の後ろが平叙文の語順になる。 文法詳細 p.78

Q3. 並べかえなさい。

私たちは彼女がどこへ行ったか知りません。

(know / where / we / don't / she / went).

______________________________________.

⑤ **Misunderstandings may make people angry or make you lose business opportunities.**

➡ 〈make＋O＋C〉で「O を C にする」という意味。

➡ 〈make＋O＋動詞の原形〉で「O に(強制的に)～させる」という使役の意味を表す。

読解のカギ Q の解答　**Q1.** 英語を学ぶためのよい方法の１つは，英語の歌を聞くことです。
Q2. what he said　**Q3.** We don't know where she went(.)

Grammar

G-1 be 動詞の補語になる that 節

▶ be 動詞の補語になる that 節とは

〈S + be 動詞 + that ...〉の形で，that 節が文の補語になって，「S は…ということである」という意味を表すことがある。主語には trouble[problem] や fact などの名詞がくることが多い。that 節の that は省略することができる。

The problem is (**that**) we don't have much time.
S + be 動詞 + that 節
(問題はあまり時間がないということだ。)

➡ (that) we don't have much time が，主語 The problem の内容を説明する補語になっている。

The problem is not (**that**) we don't have much time.
(問題はあまり時間がないということではない。)

➡ 否定文にするときには，be 動詞のあとに not を置く。

Is the problem (**that**) we don't have much time?
(問題はあまり時間がないということなのだろうか。)

➡ 疑問文にするときには，be 動詞を主語の前に置く。

The fact is (**that**) she has already got married.
S + be 動詞 + that 節
(実は彼女はすでに結婚している。)

➡ (that) she has already got married が，主語 The fact の内容を説明する補語になっている。

G-2 対比を表す while

▶ 対比を表す while とは

「A は…であるが，一方 B は～である」という意味を表し，２つの対照的な内容を示すときは，接続詞 while を用いる。

I like cats.　Misaki likes dogs.
→ I like cats, **while** Misaki likes dogs.
(私はネコが好きだが，ミサキは犬が好きだ。)

➡ 「私はネコが好きだ」と「ミサキは犬が好きだ」という，２つの対照的な内容を示している。

G-3 形式目的語 it

▶形式目的語 it とは

「〜することを…だと考える[わかる]」というとき，形式的に it を目的語の位置に置き，真の目的語である to 不定詞を後ろに置いて表すことができる。このような〈think[find] + it + 形容詞 + to 不定詞〉の形で用いる場合，it を形式目的語という。

To book a hotel online is easy.
→ I **found** it easy **to book a hotel online**.
it: 形式目的語　to book a hotel online: 真の目的語
（私はインターネットでホテルを予約することが簡単だとわかった。）

➡ 真の目的語である to book a hotel online の代わりに，形式目的語 it を目的語の位置に置いている。

➡ この場合の it は「それを」という意味で使われているわけではないので，注意する。

To learn many different languages is interesting.
→ He **thinks** it interesting **to learn many different languages**.
it: 形式目的語　to learn many different languages: 真の目的語
（彼は多くの異なる言語を学ぶことは興味深いと考えている。）

➡ 真の目的語である to learn many different languages の代わりに，形式目的語 it を目的語の位置に置いている。

G-4 間接疑問文

▶間接疑問文とは

疑問詞を含む wh- 疑問文が，別の文の中で目的語(O)などになる場合，これを間接疑問文という。間接疑問文では，疑問文の語順ではなく，平叙文〈S+V〉の語順になる。

S + V +疑問詞 ~

［疑問文］ Where does he live? （彼はどこに住んでいるのか。）
疑問文の語順
I know. （私は知っている。）
［間接疑問文］ I know **where** he lives.
平叙文の語順
（私は彼がどこに住んでいるか知っている。）

➡ 間接疑問文が文の目的語などになっているとき，疑問詞のあとは平叙文の語順にする。

［疑問文］ When will Tom come here? （トムはいつここへ来るのでしょうか。）
疑問文の語順
Do you know? （あなたは知っていますか。）
［間接疑問文］ Do you know **when** Tom will come here?
平叙文の語順
（あなたはトムがいつここへ来るか知っていますか。）

➡ 疑問文の中で，間接疑問文が使われる場合がある。この場合，文全体は疑問文の形だが，間接疑問文の部分は平叙文の語順にする必要があるので注意する。

S + V + O +疑問詞 ~

［疑問文］ Who broke the window? （誰が窓を割ったのだろうか。）
疑問文の語順
I'll ask him. （私は彼に尋ねてみます。）
［間接疑問文］ I'll ask him **who** broke the window.
平叙文の語順
（誰が窓を割ったのか, 彼に尋ねてみます。）

➡ 間接疑問文の前に，him「彼に」のような目的語が置かれる場合がある。

➡ 疑問文 Who broke the window? の中で，疑問詞 who は「誰が」という意味を表し，主語の働きをしている。したがって，間接疑問文として使われる場合でも，〈S+V〉という語順は変わらない。

Finish Up! ヒント

1, 2.「私たちは(　　)や手を使って(　　)をしたり，情報を与えたりする。」どちらも名詞が入る。(教 p.88, ℓℓ.9 ~ 10)

3.「それ(＝ほほ笑み)は多くの国々で(　　)を表す。」名詞が入る。(教 p.90, ℓℓ.2 ~ 3)

4.「それ(＝ほほ笑み)は日本では(　　)を表すことができる。」名詞が入る。(教 p.90, ℓℓ.3 ~ 4)

5.「それ(＝首を横に振ること)は一般的に,『いいえ』を意味しますが,(　　)では『はい』を表すことができる。」名詞が入る。(教 p.90, ℓℓ.4 ~ 6)

6, 7.「アメリカ—人々が話すとき，お互いをまっすぐに見ることは(　　)や(　　)を表すことができる。」どちらも名詞が入る。(教 p.92, ℓℓ.7 ~ 9)

8.「韓国—人々は年長者と長いアイコンタクトを取るのを(　　)傾向がある。」動詞が入る。(教 p.92, ℓℓ.9 ~ 11)

9, 10.「私たちの(　　)の調子, 服装, 人と人の間の(　　)距離は非言語コミュニケーションだとみなされています。」名詞と形容詞が入る。(教 p.88, ℓℓ.12 ~ 14)

OUTPUT ヒント

Listen

Daisuke:「私は困ったときに(　　)。」
「(　　)アメリカでは，困ったときに(　　)べきではない。」

Risa:「『ここに(　　)』という意味のジェスチャーはアメリカでは(　　)意味を持つことがある。」
「ALT と話すとき，私たちは(　　)なければならない。」

Write&Speak

例 I'm interested in eye contact as non-verbal communication. People tend to avoid making eye contact with older people in South Korea, while I sometimes look directly at older people. Therefore, I want to learn more about these differences in non-verbal communication.

Interact

例

Reason:

Some people avoid looking directly at older people.

Questions:

Do you think looking directly at each other can show honesty and interest?

定期テスト予想問題

解答 ➡ p.155

1 日本語に合うように，____に適切な語を入れなさい。

(1) 彼は私の気持ちに気づいていませんでした。
He wasn't ______ ______ my feeling.

(2) 私は大勢の人の前では無口になる傾向があります。
I ______ ______ be silent in front of many people.

(3) あなたはジュースとコーヒーの両方を飲みました。
You drank ______ juice ______ coffee.

(4) どんな社会においてもコミュニケーションは重要な役割を果たします。
Communication ______ ______ important ______ in any society.

2 (　)内の語句のうち，適切なものを選びなさい。

(1) You should avoid (to ask, asking, ask) that kind of question.

(2) The problem is (that, so, to) I couldn't read the report.

(3) I don't know when (will he, he will, will) arrive in Japan.

3 日本語に合うように，(　)内の語句を並べかえなさい。

(1) サッカーが好きな生徒はいるが，一方でバスケットボールが好きな生徒もいる。
Some students (while / like / like / soccer / others / basketball / ,).
Some students ______________________.

(2) 実は私はその言葉の意味がわからなかったのです。
(that / is / the word / I / understand / the fact / didn't / of / the meaning).
______________________.

(3) 彼女はその建物を見つけるのは簡単だとわかった。
(find / found / easy / she / it / to / the building).
______________________.

(4) 私は彼にどこでその本が買えるか尋ねた。
(I / him / buy / asked / where / could / I / the book).
______________________.

4 (　)内の指示に従って，次の日本語を英語にしなさい。

(1) 私はこの問題を解決するのは難しいと思う。(形式目的語 it を使って)
____

(2) 私たちは次に何をすべきかわからない。(間接疑問文を使って)
____

5 次の英文を読んで，あとの問いに答えなさい。

Non-verbal communication is different in different places. For example, smiling ①(express) happiness in many countries, (②) in Japan, it can express embarrassment. Shaking one's head usually means "no," but it can show ③the opposite meaning in Bulgaria.

Other gestures can show different meanings from place to place, too. For instance, we make a V-sign when we take pictures. This sign has a positive meaning in many parts of the world. However, if you show the V-sign with the back of your hand in Britain, it is an insult.

(1) 下線部①の( )内の語を適切な形に書きかえなさい。

＿＿＿＿＿＿＿＿

(2) (②)に入る適切な語を選びなさい。

a. therefore　b. which　c. while　d. so　(　　)

(3) 下線部③の the opposite meaning は具体的に何を指しているか，1語の英語で答えなさい。

＿＿＿＿＿＿＿＿

(4) 次の文はどの国についてのことか，国名を日本語で書きなさい。

手の甲を向けてＶサインを見せると侮辱を意味する。　(　　　　)

6 次の英文を読んで，あとの問いに答えなさい。

Non-verbal communication is strongly influenced (①) religion or culture. For example, in Japan we bow when we greet, while in many other Asian countries people put their hands together. ②The Maori greeting is another interesting example. Maori people put their noses together.

In the US, people are told to look directly at each other when they are talking. ③This can show honesty and interest.

(1) (①)に入る適切な語を選びなさい。

a. by　b. of　c. in　d. with　(　　)

(2) 下線部②の具体的な内容を，日本語で説明しなさい。

(　　　　　　　　　　　　　　　　　　　　)

(3) 下線部③の This は何を指しているか，日本語で答えなさい。

(　　　　　　　　　　　　　　　　　　　　)

(4) 次の質問に英語で答えなさい。

How do we greet people in Japan?

＿＿＿＿＿＿＿＿＿＿＿＿＿＿＿＿＿＿＿＿＿＿＿＿

Lesson 7 Dear World: Bana's War

Bana Alabed, *Dear World : A Syrian Girl's Story of War and Plea for Peace* (Simon & Schuster)

PART 1

ポイント シリアで７歳の女の子は何をしたのでしょうか。

① These days, / many people use the Internet. // ② You can do various things /
今日では / たくさんの人々がインターネットを使います // あなたはさまざまなことをすることができます /

on it. // ③ For example, / you can communicate / not only with your friends /
それで // 例えば / あなたは連絡を取ることができます / あなたの友だちだけでなく /

but also with people all over the world. //
世界中の人々とも //

④ Bana, a seven-year-old girl, / lived in Syria. // ⑤ She sent the world Internet
バナは７歳の女の子で / シリアに暮らしていました // 彼女は世界にインターネット上の

messages / on her smartphone. // ⑥ Her message, / which was sent /
メッセージを送りました / 彼女のスマートフォンで // 彼女のメッセージは / 送られましたが /

on September 24, 2016, / was as follows: //
2016年９月24日に / 次のようなものでした //

⑦ "I need peace." //
「I need peace.（私は平和が欲しい。）」 //

⑧ In 2012, / a civil war started in Syria. // ⑨ It robbed Bana of her safety. //
2012年 / シリアで内戦が始まりました // それはバナから彼女の身の安全を奪いました //

⑩ She explained the reason / why she sent her messages: // ⑪ "I don't know /
彼女は理由を説明しました / なぜ彼女がメッセージを送ったのか // 「わからなかった /

if anyone will listen to my story. // ⑫ But / I hope / someone will do something /
誰か私の話を聞いてくれるのか // けれど / 思った / 誰かが何かしてくれればいいなと /

to end this war." //
この戦争を終わらせるために」 //

単語・熟語チェック

- □ **war** 名 戦争
- □ **Syria** 名 シリア
- □ **not only *A* but also *B*** 熟 *A*だけでなく*B*も
- □ **smartphone** 名 スマートフォン
- □ **peace** 名 平和
- □ **civil** 形 国内の
- □ **rob** 動 ～を奪う
- □ **rob *A* of *B*** 熟 *A*から*B*を奪う
- □ **safety** 名 安全
- □ **explain** 動 ～を説明する
- □ **end** 動 ～を終わらせる

Check Up! ヒント

1. What can you do with the Internet?
（インターネットで何ができますか。） →本文③

2. What was the message of the seven-year-old girl in Syria?
（シリアの７歳の女の子のメッセージは何でしたか。）　→本文⑦

3. Why did she send her messages to the world?
（彼女はなぜ世界へメッセージを送りましたか。）　→本文⑫

Sum Up! ヒント

今日，(　　)はとても役に立つ。世界(　　)の人々と連絡を取ることができる。バナは7歳の女の子で，シリアから世界に(　　)を送った。それには「私は平和が欲しい。」と書いてあった。彼女は誰かがそれを(　　)かどうかわからなかったが，戦争を終わらせるために誰かが(　　)をしてくれればいいと思った。

読解のカギ

② **You can do various things on it.**
➡ it は①の the Internet を指す。

③ **... you can communicate not only with your friends but also with people all over the world.**
➡ not only *A* but also *B* で「*A* だけでなく *B* も」という意味。*A*, *B* はともに with を伴った前置詞句になっている。

Q1. ＿＿を埋めなさい。

これはペンであるだけでなく定規でもある。
This is ＿＿＿＿＿ ＿＿＿＿＿ a pen ＿＿＿＿＿ ＿＿＿＿＿ a ruler.

⑥ **Her message, which was sent on September 24, 2016, was as follows:**
先行詞（名詞）
➡ 関係代名詞の非限定用法で補足説明をしている。　文法詳細 p.90

Q2. 日本語にしなさい。

I live in Sapporo, which is a large city in Hokkaido.
(　　　　　　　　　　　　　　　　　　　　　　　　　　)

⑩ **She explained the reason why she sent her messages:**
先行詞 ↑＿＿ 関係副詞 why
➡ why 以下が先行詞 the reason を修飾している。関係副詞を使った文。

Q3. 並べかえなさい。

私は彼が遅れた理由を知っている。I (he / the reason / late / why / know / was).
I ＿＿＿＿＿＿＿＿＿＿＿＿＿＿＿＿＿＿＿＿＿＿＿＿.

⑪ **"I don't know if anyone will listen to my story.**
➡ if は「～かどうか」という意味を表し，名詞節を作っている。

読解のカギ Q の解答　**Q1.** not only, but also　**Q2.** 私は札幌に住んでおり，それは北海道の大きい都市だ。
Q3. (I) know the reason why he was late(.)

PART 2

ポイント バナやシリアの人々に何が起こっていたのでしょうか。

①Bana's messages were sent / from Aleppo, / a big city in Syria, / where there was severe fighting. // ②In one of her video messages, / Bana was covering her ears / so as not to hear the bombs. // ③It shocked people around the world. // ④Then, / many people began sending her messages of encouragement. // ⑤Through the Internet, / Bana explained / about the situation in Aleppo. // ⑥There was no food or water, / and people were continually dying. // ⑦Bana said in her message, / "I may die tonight. // ⑧I'm so scared. // ⑨I may be killed by a bomb." //

バナのメッセージは送られました / アレッポから / シリアの大都市 / 激しい戦闘が行われていた // 彼女のビデオ・メッセージの1つで /バナは彼女の耳をふさいでいました / 爆弾の音を聞かないようにするために // それは世界中の人々に衝撃を与えました // そのあと / たくさんの人々が彼女に励ましのメッセージを送り始めました // インターネットを通じて / バナは説明しました / アレッポの状況を // 食べ物も水もなく / 人々がどんどん死んでいっている // バナはメッセージの中で言いました / 「今夜，私は死んじゃうかもしれない // とてもこわい // 爆弾に殺されてしまうかもしれない。」と //

単語·熟語チェック

□ **severe**	形 激しい
□ **fighting**	名 戦闘
□ **so as not to *do***	熟 ～しないように
□ **bomb**	名 爆弾
□ **shock**	動 ～にショックを与える
□ **around the world**	熟 世界中の
□ **encouragement**	名 励まし
□ **through**	前 ～を通して
□ **continually**	副 絶えず
□ **dying**	動 die の現在分詞形
□ **die**	動 死ぬ
□ **kill**	動 ～を殺す

Check Up! ヒント

1. Where did Bana send her messages from?
（バナはどこからメッセージを送りましたか。） →本文①

2. What did many people do after reading Bana's messages?
（バナのメッセージを読んだあと，たくさんの人々は何をしましたか。） →本文④

3. According to Bana's messages, what was the situation in Aleppo?
（バナのメッセージによると，アレッポの状況はどうでしたか。） →本文⑥

Sum Up! ヒント

バナはシリアのアレッポからメッセージを送った。そこでは，激しい(　　)が行われていた。たくさんの人々が彼女のメッセージを読んで，インターネットを通じて彼女を(　　)。彼女は爆弾がとても(　　)ので，耳を(　　)。彼女は(　　)が彼女を殺してしまうだろうと思った。

読解のカギ

① **Bana's messages were sent from Aleppo, a big city in Syria, where there was severe fighting.**
同格

➡ コンマの前後の Aleppo と a big city in Syria は同格の関係。

➡ 〈コンマ(,)＋関係副詞 where〉が，場所を表す名詞 Aleppo に説明を加えている。

文法詳細 p.90

Q1. 日本語にしなさい。

We moved to Osaka, where we lived for ten years.

(　　　　　　　　　　　　　　　　　　　　　　　　　)

② **In one of her video messages, Bana was covering her ears so as not to hear the bombs.**

➡ so as not to *do* は「～しないように」という意味。to の後ろには動詞の原形を置く。

Q2. 並べかえなさい。

私たちはその電車に乗り遅れないように急いだ。

(as / hurried up / we / so / miss / not / to / the train).

____.

③ **It shocked people around the world.**

➡ it は②の one of her video messages を指す。

④ **Then, many people began sending her messages of encouragement.**

➡ sending は動名詞。began sending で「送り始めた」という意味。

Q3. ____ を埋めなさい。

雨が降り始めた。

It ________ ________.

⑤ **Through the Internet, Bana explained about the situation in Aleppo.**

➡ Through は「～を通して」という意味の前置詞。

⑨ **I may be killed by a bomb."**

➡ may は「～かもしれない」という意味の助動詞。後ろには動詞の原形を置く。

➡ 〈be 動詞＋動詞の過去分詞〉で「～される」という意味を表す受動態。

Q4. ____ を埋めなさい。

その図書館は閉鎖されるだろう。

The library will ________ ________.

読解のカギ Q の解答　**Q1.** 私たちは大阪に引っ越して，そこで 10 年間暮らした。
Q2. We hurried up so as not to miss the train(.)　**Q3.** began[started] raining　**Q4.** be closed

PART 3

ポイント バナの行動の意味は何でしょうか。

① Bana continued to appeal for peace / using the Internet. // ② Bana didn't just
バナは平和のために訴え続けました / インターネットを使い // バナはインターネットだけを
use the Internet. // ③ She even wrote letters / to the leaders of some countries. //
使っていたわけではありません // 彼女は手紙を送ることさえしました / いくつかの国の指導者に //
④ Unfortunately, / however, / writing messages for peace wasn't enough /
残念ながら / しかし / 平和を願うメッセージを書くだけでは十分ではありませんでした /
to stop the Syrian Civil War. // ⑤ The situation was far too complicated. // ⑥ Does
シリアの内戦を止めるために // その状況はあまりにも複雑だったのです // これは
this mean / Bana's actions had no meaning? // ⑦ Bana said, / "People around the
意味するのでしょうか / バナの行動には意味がなかったことを // バナは言いました / 「世界中の人たちが
world are caring about us, / so we are not alone. // ⑧ At first, / we thought / we
私たちを心配してくれていて / だから私たちはひとりぼっちじゃなかったの // 最初は / 思っていたの /
were left alone / and forgotten by the world. // ⑨ But now / people in Aleppo and I
私たちは取り残されて / 世界から忘れられていると // でも今 / アレッポの人たちも私も
are happy / because my messages reached the rest of the world. // ⑩ Now, / we
幸せよ / だって，私のメッセージが残りの世界に届いたんだもの // 今 / 私
aren't alone." //
たちはひとりぼっちじゃないわ」と //

単語・熟語チェック

□ **appeal**	動 懇願する	□ **alone**	形 ひとりぼっちで
□ **unfortunately**	副 残念ながら	□ **leave *A* alone**	熟 *A*をひとりぼっちにする
□ **enough to *do***	熟 ～するのに十分なほど	□ **forgotten**	動 forget の過去分詞形
□ **Syrian**	形 シリアの	□ **reach**	動 ～に届く
□ **complicated**	形 複雑な	□ **rest**	名 その他(の人々・物)

Check Up! ヒント

1. Who did Bana send letters to?
(バナは誰に手紙を送りましたか。) →本文③

2. Why was writing messages for peace not enough to stop the war in Syria?
(なぜ平和を願うメッセージを書くことがシリアでの戦争を止めるのに十分ではなかったのですか。)
→本文⑤

3. Why were Bana and people in Aleppo happy?
(なぜバナやアレッポの人々は幸せだったのですか。) →本文⑨

Sum Up! ヒント

バナはインターネットを通じて平和のために(　　)続けた。彼女はいくつかの国の指導者に手紙を(　　)さえした。しかしながら，バナのメッセージが内戦を止めることは(　　)

かった。バナは世界中の人々が自分やアレッポの人々を(　　)くれているのを知っていたので，自分が(　　)だと感じていないと言った。

読解のカギ

① **Bana continued to appeal for peace using the Internet.**
S　V

➡ to appeal は不定詞の名詞的用法で「訴えること」という意味。continued to appeal で「訴え続けた」という意味になる。

➡ using the Internet は「インターネットを使いながら」という意味。〈S+V ... ～ing 形〉の形で付帯状況を表す現在分詞の分詞構文となっている。 文法詳細 p.91

Q1. 並べかえなさい。

私の姉は中国語を学び始めた。

(learn / my sister / to / started / Chinese).

____.

Q2. 日本語にしなさい。

I do my homework listening to my favorite song.

(　　　　　　　　　　　　　　　　　　　　　　　　)

④ **Unfortunately, however, writing messages for peace wasn't enough to stop the Syrian Civil War.**

➡ however は対比の意味を表す副詞で「しかしながら」という意味。

➡ enough to *do* は「～するのに十分なほど」という意味。

Q3. 並べかえなさい。

彼はその箱を運ぶのに十分なほど強くはなかった。

(was / not / the box / enough / strong / he / to / carry).

____.

⑤ **The situation was far too complicated.**

➡ The situation は the Syrian Civil War の状況を指す。

⑥ **Does this mean Bana's actions had no meaning?**

➡ this は④の文全体の内容を指す。

⑧ **... we thought we were left alone and forgotten by the world.**

➡ leave *A* alone は「*A* をひとりぼっちにする」という意味。

➡ were left alone and forgotten は，過去形の受動態。動作主は by の後ろの the world。「世界によってひとりぼっちにされ，忘れられた」という意味を表す。

Q4. ____ を埋めなさい。

私の帽子はトムによって見つけられた。

My cap __________ __________ by Tom.

読解のカギ Q の解答　**Q1.** My sister started to learn Chinese(.)　**Q2.** 私はお気に入りの歌を聞きながら宿題をします。　**Q3.** He was not strong enough to carry the box(.)　**Q4.** was found

PART 4

ポイント 世界に向けたバナの祈りは何でしょうか。

① Bana inspired the world / to seek peace / by reporting the civil war /
バナは世界をうながしました / 平和を探し求めるように / 内戦について伝えることで /
in her own way. // ② This was something / most journalists couldn't do. //
彼女なりの方法で // これはことでした / 多くのジャーナリストにはできなかった //
③ For this reason, / Bana was selected / by the American magazine *Time* /
こうした理由から / バナは選ばれました / アメリカの雑誌『タイム』に /
as one of 2017's most influential people / on the Internet. //
2017年の最も影響力のある人々の1人として / インターネット上で //

④ The words of a young girl / in the middle of a war zone / reached every corner /
幼い女の子の言葉が / 交戦地帯の真ん中にいた / すみずみに届いた /
of the world. // ⑤ People responded to them / with messages of encouragement. //
世界の // 人々はそれらに応えました / 励ましのメッセージで //
⑥ Reading these messages, / we can understand / how precious peace is. //
これらのメッセージを読むことで / 私たちは理解することができます / 平和がどれほど大切なのかを //
⑦ Such exchanges of messages could be a way / to end war / and solve many
メッセージのやり取りのようなことは方法となり得ます / 戦争を終わらせたり / 世界中の多くの
problems in the world. // ⑧ Bana is praying / not only for Syria but for world
問題を解決したりするための // バナは祈っています / シリアだけでなく，世界の平和のため
peace. // ⑨ This is a prayer / that people all over the world can share. //
にも // これは祈りです / 世界中の人々が共有できる //

単語・熟語チェック

- ☐ **prayer** 名 祈り
- ☐ **inspire *A* to *do*** 熟 Aに～するようにうながす
- ☐ **seek** 動 ～を(探し)求める
- ☐ **report** 動 ～を伝える
- ☐ **in *one's* own way** 熟 自分自身(の方法)で
- ☐ **journalist** 名 報道記者，ジャーナリスト
- ☐ **select** 動 ～を選ぶ
- ☐ **influential** 形 大きな影響を及ぼす
- ☐ **middle** 名 真ん中
- ☐ **zone** 名 地帯
- ☐ **respond** 動 答える
- ☐ **precious** 形 大切な
- ☐ **exchange** 名 交換
- ☐ **could be ～** 熟 ～であるかもしれない
- ☐ **solve** 動 ～を解決する
- ☐ **pray** 動 祈る
- ☐ **pray for *A*** 熟 Aのことを祈る
- ☐ **share** 動 ～を共有する

Check Up! ヒント

1. How did Bana inspire the world to seek peace?
（バナはどうやって平和を探し求めるように世界を奮い立たせましたか。） →本文①

2. Why could the exchanging of messages be a way to end war?
（なぜメッセージのやり取りが戦争を終わらせる方法となり得るのですか。） →本文⑥

3. What is Bana praying for?
（バナは何のために祈っていますか。） →本文⑧

Sum Up! ヒント

バナは彼女なりの方法で戦争について伝えることで平和を探し求めるように世界を(　　)。彼女はインターネット上で最も(　　)人々の１人になった。彼女は世界中の人々とメッセージを(　　)して，戦争の終わりを(　　)。これは世界中の人々が(　　)できる祈りだ。

読解のカギ

① **Bana inspired the world to seek peace by reporting the civil war in her own way.**

➡ inspire *A* to *do* は「*A* に〜するようにうながす」という意味。

➡ by は「〜によって」という意味で，手段や方法を表す前置詞。

➡ in *one's* own way は「自分自身(の方法)で」という意味。

Q1. ＿＿を埋めなさい。

あなた自身の方法で勉強しなさい。

Study in ＿＿＿＿＿＿ ＿＿＿＿＿＿ ＿＿＿＿＿＿.

② **This was something most journalists couldn't do.**

➡ This は①の inspired the world to seek peace by reporting the civil war を指す。

④ **The words of a young girl in the middle of a war zone ...**

➡ a young girl は Bana を指す。

⑥ **Reading these messages, we can understand how precious peace is.**
(we = S, can understand = V)

➡ Reading these messages は「これらのメッセージを読むとき[読めば]」という意味。時・条件を表す現在分詞の分詞構文。 文法詳細 p.92

Q2. 日本語にしなさい。

Waiting at the bus stop, I met an old friend of mine.

(　　　　　　　　　　　　　　　　　　　　　　　　　　　　)

⑦ **Such exchanges of messages could be a way to end war and solve many problems in the world.**

➡ Such exchanges of messages は④⑤で述べられているメッセージのやり取りを指す。

読解のカギ Qの解答 **Q1.** your own way　**Q2.** バス停で待っているとき，私は昔の友だちに会った。

Grammar

G-1 関係代名詞の非限定用法

▶関係代名詞の非限定用法とは

関係代名詞には限定用法と非限定用法がある。限定用法は先行詞を修飾する用法を指す。一方で，非限定用法は先行詞に補足的な説明を付け加える用法を指す。非限定用法の場合は，〈コンマ(,)＋関係代名詞〉の形で用いる。

限定用法と非限定用法の違い

① He has two cats which can run fast.
(彼には速く走れる2匹のネコがいる。)

② He has two cats, which can run fast.
(彼には2匹のネコがいて，それらは速く走れる。)

➡ ①は限定用法。「2匹のネコ」という名詞を修飾して，「速く走れる2匹のネコ」という意味の名詞を作っている。

➡ ②は非限定用法。「彼には2匹のネコがいる」という事実を述べたあとで，「2匹のネコ」について，「それらは速く走れる」という補足的な説明を付け加えている。非限定用法の関係代名詞は，先行詞が固有名詞のときにも使うことができる。

We went to Sailors Restaurant, which served delicious food.
先行詞（固有名詞）　コンマ＋関係代名詞
(私たちはセイラーズ・レストランに行ったのだが，そこはおいしい料理を出した。)

➡ 先行詞が固有名詞の場合は，非限定用法しか使えない。

➡「私たちはセイラーズ・レストランに行った」という事実を述べたあとで，「セイラーズ・レストラン」について，「そこはおいしい料理を出した」という補足的な説明を付け加えている。

G-2 関係副詞の非限定用法

▶関係副詞の非限定用法とは

関係副詞を非限定用法で用いて，〈コンマ(,)＋関係副詞〉の形で，場所や時について補足的な説明を付け加えることができる。

We stayed in Paris, where we met Tom.
先行詞（固有名詞）コンマ＋関係副詞
(私たちはパリに滞在し，そこでトムに出会った。)

➡ 先行詞が固有名詞の場合は，非限定用法しか使えない。

➡「私たちはパリに滞在した」という事実を述べたあとで，「パリ」について，「そこで私たちはトムに出会った」という補足的な説明を付け加えている。

In 2008, when I lived in Tokyo, I met Maria.
先行詞 コンマ＋関係副詞
(2008年に私は東京に住んでいたのだが，その時マリアに出会った。)

➡「2008年に私はマリアに出会った」という事実を述べ，「2008年」について，「その時私は東京に住んでいた」という補足的な説明を付け加えている。

G-3 現在分詞の分詞構文（付帯状況・連続した動作）

▶分詞構文とは

分詞で始まる語句が副詞句として働き，主文の意味を修飾することがある。この用法で分詞を用いることを分詞構文という。分詞構文にはさまざまな意味がある。

▶付帯状況や連続した動作を表す分詞構文とは

現在分詞の分詞構文を〈S＋V〉の後ろに置いて，「～しながら」という付帯状況を表すことができる。付帯状況とは２つの動作が同時に進行している状態のことである。
また，「(それから)～する」という連続した動作を表すこともできる。

付帯状況を表す分詞構文

I walked around the town taking pictures.
現在分詞
(写真を撮りながら，私は町を散策した。)

➡〈S＋V ... ～ ing 形〉で，「～しながら，S は V する」という付帯状況の意味を表す。
➡ 現在分詞の前にコンマがつくこともある。

連続した動作を表す分詞構文

The train leaves Nagoya at eight, arriving in Tokyo at ten.
現在分詞
＝ The train leaves Nagoya at eight and arrives in Tokyo at ten.
(その列車は８時に名古屋を出発し，10時に東京に着く。)

➡〈S＋V ... ～ ing 形〉で，「S は V して(それから)～する」という連続した動作を表す。
➡ 現在分詞の前のコンマは省略されることもある。
➡ 接続詞 and を使って，同様の意味を表すことができる。

G-4 現在分詞の分詞構文（時・条件・理由）

▶時・条件や理由を表す分詞構文とは

現在分詞の分詞構文を〈S＋V〉の前に置いて，「～するとき[～すれば]」という時・条件を表すことができる。また，「～なので」という理由を表すこともできる。

時を表す現在分詞の分詞構文

Playing soccer, he hurt his leg.
現在分詞

= When he was playing soccer, he hurt his leg.
(サッカーをしているときに，彼は脚にけがをした。)

➡〈～ ing 形，S＋V ...〉で，「～するとき，…する」という時を表す。
➡ 接続詞 when を使って，同様の意味を表すことができる。

理由を表す現在分詞の分詞構文

Feeling sick, I went to see a doctor.
現在分詞

= Because[Since] I felt sick, I went to see a doctor.
(気分が悪かったので，私は医者に診てもらった。)

➡〈～ ing 形，S＋V ...〉で，「～なので，…する」という理由を表す。
➡ 接続詞 because や since を使って，同様の意味を表すことができる。

過去分詞の分詞構文

Written in plain English, this book is easy to read.
過去分詞

= Because[Since] this book is written in plain English, it is easy to read.
(わかりやすい英語で書かれているので，この本は読みやすい。)

➡ 過去分詞を使って分詞構文を作ることができる。
➡ 受け身の意味を含んで，「～されて」，「～される[された]とき」，「～される[された]ので」などの意味を表す。

Finish Up! ヒント

1.「私たちはたくさんのことができて，(　　)中の人々と連絡を取ることができる！」名詞が入る。(教 p.108, ℓℓ.1 ～ 4)
2.「彼女のメッセージの『私は(　　)が欲しい。』は世界に衝撃を与えた。」名詞が入る。(教 p.108, ℓ.9)
3.「2012 年に戦争が始まって，誰かがそれを(　　)ために何かをしてくれればいいと彼女は思った。」動詞が入る。(教 p.108, ℓℓ.13 ～ 14)
4.「彼女はとても(　　)かった。」形容詞が入る。(教 p.110, ℓ.10)
5.「彼女は(　　)が聞こえないように耳をふさいだ。」名詞が入る。(教 p.110, ℓℓ.2 ～ 4)
6.「たくさんの人々が彼女に(　　)のメッセージを送った。」名詞が入る。(教 p.110, ℓℓ.5 ～ 6)
7.「彼女がいくつかの国の(　　)に E メールや手紙を送ったことを知っていたか。」名詞が入る。(教 p.112, ℓℓ.2 ～ 4)
8.「ええと, たくさんの人々がシリアの状況について知っているので, バナと人々は(　　)ではない。」形容詞が入る。(教 p.112, ℓℓ.13 ～ 14)
9.「彼女はインターネット上で 2017 年の最も(　　)人々の 1 人として選ばれた。」形容詞が入る。(教 p.114, ℓℓ.3 ～ 5)
10.「バナは幼いが，シリアだけでなく，世界中の平和のためにも(　　)！」動詞が入る。(教 p.114, ℓℓ.12 ～ 13)

OUTPUT ヒント

Listen

・quickly　すばやく　　・easily　簡単に

Write&Speak

例 I think the Internet is bad. I have two reasons. First, it is difficult to find true information. There is too much information on the Internet. Second, we may avoid thinking by ourselves if we can find opinions easily on the Internet. Therefore, I think we should use the Internet less.

Interact

例
1st reason:
It is difficult to find true information.
2nd reason:
We may not try to think by ourselves.
Questions:
What kind of information do you search on the Internet?
Do you communicate with people in other countries?

定期テスト予想問題

解答 ➡ p.156

1 日本語に合うように，＿＿に適切な語を入れなさい。

(1) 私たちから時間を奪わないでください。
Don't ＿＿＿＿＿＿ us ＿＿＿＿＿＿ time.

(2) その旅で，私たちは水だけでなく食べ物も必要です。
We need ＿＿＿＿＿＿ ＿＿＿＿＿＿ water ＿＿＿＿＿＿
＿＿＿＿＿＿ food on the trip.

(3) 私は私のイヌを家でひとりぼっちにしたくありません。
I don't want to ＿＿＿＿＿＿ my dog ＿＿＿＿＿＿ at home.

(4) あなた自身の方法で練習することが大切です。
It is important to practice ＿＿＿＿＿＿ your ＿＿＿＿＿＿ way.

2 (　)内の語のうち，適切なものを選びなさい。

(1) She gave me a bag, (when, where, which) I like very much.
(2) (Play, Playing, Played) the guitar in my room, I heard my mother.
(3) I like to run in the morning (listen, listening, listened) to music.

3 日本語に合うように，(　)内の語句を並べかえなさい。

(1) 同じ間違いをしないように気を付けなさい。
Be careful (so / to / makc / the same mistake / as / not).
Be careful ＿＿＿＿＿＿＿＿＿＿＿＿＿＿＿＿＿＿＿＿.

(2) 私の父は新聞を読みながら朝ごはんを食べます。
My father (a newspaper / breakfast / reading / has).
My father ＿＿＿＿＿＿＿＿＿＿＿＿＿＿＿＿＿＿＿＿.

(3) 北海道の魚市場を訪れたとき，私は寿司を食べました。
(a fish market / Hokkaido / visiting / in), I ate sushi.
＿＿＿＿＿＿＿＿＿＿＿＿＿＿＿＿＿＿＿＿, I ate sushi.

(4) 私たちは沖縄に行き，そこで2日間滞在しました。
We went to Okinawa (days / two / stayed / we / for / where / ,).
We went to Okinawa ＿＿＿＿＿＿＿＿＿＿＿＿＿＿＿＿＿＿＿＿.

4 次の英語を日本語に訳しなさい。

(1) Studying English hard, he can talk to people around the world.
＿＿＿＿＿＿＿＿＿＿＿＿＿＿＿＿＿＿＿＿＿＿＿＿＿＿

(2) I have the drums, which are in my room.
＿＿＿＿＿＿＿＿＿＿＿＿＿＿＿＿＿＿＿＿＿＿＿＿＿＿

5 次の英文を読んで，あとの問いに答えなさい。

①Bana's messages were sent from Aleppo, a big city in Syria, where there was severe fighting. In one (②) her video messages, Bana was ③(cover) her ears ④(to / the bombs / as / not / so / hear). It shocked people around the world. Then, many people began ⑤(send) her messages of encouragement.

(1) 下線部①の英語を日本語に訳しなさい。

( )

(2) (②)に入る適切な語を選びなさい。

a. at b. of c. with d. to ( )

(3) 下線部③⑤の( )内の語を適切な形に書きかえなさい。

③ ______ ⑤ ______

(4) 下線部④が「爆弾の音を聞かないようにするために」という意味になるように，( )内の語句を並べかえなさい。

______

6 次の英文を読んで，あとの問いに答えなさい。

Unfortunately, however, writing messages for peace wasn't enough to stop the Syrian Civil War. ①The situation was far too complicated. Does ②this mean Bana's actions had no meaning? Bana said, "People around the world are caring about us, so we are not alone. At first, we thought we were ③(leave) alone and ④(forget) by the world. But now people in Aleppo and I are happy because my messages reached the rest of the world. Now, we aren't alone."

(1) 下線部①のThe situationは何の状況を指しているか，4語の英語で答えなさい。

______ ______ ______ ______

(2) 次の文は，下線部②が指すことを説明したものです。それぞれの( )に入る適切な日本語を答えなさい。

バナが( )を願うメッセージを書いたことがシリアの内戦を止めるのに( )ではなかったこと。

(3) 下線部③④の( )内の語を適切な形に書きかえなさい。

③ ______ ④ ______

(4) 次の質問に英語で答えなさい。

1. Are people in Aleppo and Bana alone?

______

2. Why are people in Aleppo and Bana happy now?

______

Bana Alabed, *Dear World : A Syrian Girl's Story of War and Plea for Peace* (Simon & Schuster)

Lesson 8 The Best Education to Everyone, Everywhere

PART 1

ポイント 社会起業家とは何でしょうか。

① What do you want to be / in the future? // ② In today's society, / there are
みなさんは何になりたいですか / 将来 // 今日の社会には / いろいろな

various jobs / such as teacher, engineer, and nurse. // ③ However, / in the future
職業があります / 教師，エンジニア，看護師など // しかし / 未来の社会

society / with advanced technologies / like artificial intelligence (AI), / your dream
では / 科学技術が発達した / 人工知能(AI)などの / みなさんが

job may no longer exist. //
なりたいと思っている職業はなくなっているかもしれません //

④ How do you decide / what job you want? // ⑤ Do you choose a high salary? //
みなさんはどのように決めますか / どの職業に就きたいかを // 給料の高い職業を選びますか //

⑥ Recently, / more and more people are starting businesses / to help solve social
最近 / ますます多くの人たちが事業を始めています / 社会の課題を解決する手助けを

problems. // ⑦ They are less interested in making money / than in making society
するために // 彼らはお金を稼ぐことにあまり興味がありません / 社会をよりよくすること

better. // ⑧ These people are called "social entrepreneurs." // ⑨ For example, /
よりも // このような人たちは「社会起業家」と呼ばれています // 例えば /

Florence Nightingale, / who founded the first nursing school, / was a social
フローレンス・ナイチンゲールは / 初めて看護学校を設立したので / 社会起業家

entrepreneur. // ⑩ Thanks to her, / today's nursing schools and the job title of nurse
でした // 彼女のおかげで / 現代の看護学校と看護職が

were established. //
確立されました //

単語・熟語チェック

□ **education**	名	教育
□ **everywhere**	副	どこでも
□ **social**	形	社会の
□ **entrepreneur**	名	起業家
□ **social entrepreneur**	名	社会起業家
□ **society**	名	社会
□ **engineer**	名	技師，エンジニア
□ **nurse**	名	看護師
□ **advanced**	形	進歩した
□ **technology**	名	科学技術，テクノロジー
□ **artificial**	形	人工の
□ **intelligence**	名	知能
□ **AI**	名	人工知能
□ **no longer ～**	熟	もはや～ない
□ **exist**	動	存在する
□ **salary**	名	給料
□ **recently**	副	最近
□ **more and more ～**	熟	ますます多くの～
□ **less**	副	…ほど～でない
□ **make money**	熟	お金を稼ぐ
□ **found**	動	～を設立する
□ **nursing**	名	看護
□ **title**	名	職名
□ **establish**	動	～を設立する

Check Up! ヒント

1. Why may your dream job no longer exist in the future society?
（なぜ未来の社会ではみなさんがなりたいと思っている職業はなくなっているかもしれないのですか。）
→本文③

2. Why do social entrepreneurs start businesses?
（なぜ社会起業家は事業を始めるのですか。）　→本文⑥

3. What did Florence Nightingale do?
（フローレンス・ナイチンゲールは何をしましたか。）　→本文⑨

Sum Up! ヒント

最近，よりたくさんの人々が社会の課題を解決する手助けをするために事業を(　　)いる。彼らは(　　)をよりよくすることほど，お金を稼ぐことに興味が(　　)。彼らは「社会(　　)」と呼ばれている。フローレンス・ナイチンゲールは最初の看護学校を設立した(　　)，そのような人々の1人だったのだ。

読解のカギ

③ **However, in the future society with advanced technologies like artificial intelligence(AI), your dream job may no longer exist.**
（with advanced technologies → the future society を修飾／like：～のような（例示））

➡ withはadvanced technologiesを伴って，前のthe future societyを修飾している。
➡ like「～のような」を使って，advanced technologiesの例としてartificial intelligenceを挙げている。
➡ no longerは「もはや～ない」という否定の意味を表す。

Q1. 日本語にしなさい。

This type of video game is no longer sold.
(　　　　　　　　　　　　　　　　　　　　　　　　　　)

④ **How do you decide what job you want?**
（what job you want：疑問詞＋名詞＋S＋V）

➡ 間接疑問文。〈what＋名詞〉の後ろは平叙文の語順。

⑦ **They are less interested in making money than in making society better.**
（less interested：less＋形容詞）

➡ *A* ... less＋形容詞＋than＋*B*で「*A*は*B*ほど～ない」という意味の比較級を使った文。in making money と in making society better を比較している。 文法詳細 p.104

Q2. ＿＿を埋めなさい。

このバッグはあのバッグほど高くない。
This bag is ＿＿＿＿＿＿ expensive ＿＿＿＿＿＿ that one.

PART 2

ポイント 税所と三輪はバングラデシュで何を始めたのでしょうか。

① Here is an example / of two Japanese university students / who worked actively as social entrepreneurs / to change education in the world. //
ここに，一例があります / 二人の日本人大学生の / 社会起業家として積極的に活動した / 世界の教育を変えるために //

② In 2010, / Saisho Atsuyoshi and Miwa Kaito did an internship / as university students / in Bangladesh. // ③ When they were walking around town / at midnight, / they saw high school students / studying hard under streetlights. //
2010年 / 税所篤快(さいしょ あつよし)と三輪開人(みわ かいと)はインターンをしていました / 大学在学中に / バングラデシュで // 彼らが街を歩いていた時に / 深夜に / 彼らは高校生たちの姿を見ました / 街灯の下で一生懸命勉強している //

④ The students wanted to go to university and get a good job / to make their families' lives easier. // ⑤ However, / their families were too poor to have electric lights at home. // ⑥ Moreover, / Bangladesh was short of 40,000 teachers. //
生徒たちは大学に行き，良い職業に就きたいと思っていました / 彼らの家族の生活を楽にするために // しかし / 彼らの家族はあまりに貧しく，家に電灯がありませんでした // さらに / バングラデシュでは4万人の教師が不足していました //

⑦ After realizing this, / Saisho and Miwa recorded lessons / by charismatic teachers / on DVDs. // ⑧ Then, / they started sending them / to poor high school students / to help them study to enter university. //
このことを知った後 / 税所と三輪は授業を録画しました / カリスマ教師たちの / DVDに // そして / 彼らはそれらのDVDを送り始めました / 貧しい高校生たちに / 大学に入学するための勉強を手助けするために //

単語・熟語チェック

- □ **Bangladesh** 名 バングラデシュ
- □ **Here is an example of ~** 熟 (ここに)~の例があります
- □ **university** 名 大学
- □ **internship** 名 実務研修，インターンシップ
- □ **midnight** 名 深夜
- □ **streetlight** 名 街灯
- □ **poor** 形 貧しい
- □ **electric** 形 電気の
- □ **be short of *A*** 熟 *A*が不足している
- □ **record** 動 ~を記録する
- □ **charismatic** 形 カリスマ的な
- □ **charismatic teacher** 名 カリスマ教師

Check Up! ヒント

1. Why did the two Japanese university students work actively as social entrepreneurs?
(なぜ二人の日本人大学生は社会起業家として積極的に活動したのですか。) →本文①

2. What did Saisho and Miwa see when they were walking around town at midnight?
(税所と三輪は深夜に街を歩いていた時，何を見ましたか。) →本文③

3. What did Saisho and Miwa start to do to help poor high school students study to enter university?
（税所と三輪は大学に入学するための勉強をする貧しい高校生たちを手助けするために何をし始めましたか。） →本文⑦⑧

Sum Up! ヒント

税所と三輪はバングラデシュで，街灯の下で一生懸命勉強している高校生を(　　)。彼らの貧しい家族は家に(　　)灯がなかった。さらに，バングラデシュでは4万人の教師が(　　)していた。だから，税所と三輪はカリスマ教師の授業をDVDに(　　)して生徒たちに(　　)。

読解のカギ

③ **… they saw high school students studying hard under streetlights.**
S V O 現在分詞

➡〈see＋O＋現在分詞〉で「Oが～しているのを見る」という意味。 文法詳細 p.104

Q1. ____ を埋めなさい。

私は彼がその通りを歩いているのを見た。

I ______________ him ______________ along the street.

④ **The students wanted to go to university and get a good job to make their families' lives easier.**
O C（形容詞）

➡〈make＋O＋C〉で「OをCの状態にする」という意味。

Q2. 日本語にしなさい。

We all want to make this world better.

(　　　　　　　　　　　　　　　　　　　　　　　　　　)

⑧ **Then, they started sending them to poor high school students to help them study to enter university.**

➡ sending them の them は⑦の DVDs を指し，help them の them は直前の poor high school students を指す。

➡〈help＋O＋動詞の原形〉で「Oが～するのを手伝う」という意味。

Q3. 並べかえなさい。

Please (homework / me / my / help / do).

Please ____.

読解のカギ Qの解答 **Q1.** saw, walking **Q2.** 私たちは全員この世界をより良くしたいと思っている。
Q3. (Please) help me do my homework(.)

PART 3

ポイント e-Educationのミッションは何でしょうか。

① Saisho and Miwa established the NPO "e-Education" / and collected money. //
税所と三輪は"e-Education"という NPO(非営利団体)を設立し / 寄付を募りました //

② In 2010, / they sent DVDs of lessons / to 32 high school students / in a poor village /
2010年 / 彼らは授業のDVDを届けました / 32人の高校生たちに / 貧しい村の /

for six months. // ③ Consequently, / one student was accepted / at Dhaka University, /
6ヵ月間 // その結果 / 1人は入学を認められた / ダッカ大学に /

the top university in Bangladesh, / and 17 others succeeded in entering other
バングラデシュで一番の大学である / そして残りのうちの17人はほかの大学への入学を

universities. // ④ By 2017, / over 200 students had entered high level universities. //
果たしました // 2017年までに / 200人を超える生徒たちが難関大学へ入学しました //

⑤ The mission of e-Education is / "to deliver the best education / to every
e-Educationのミッションは~です / 「最高の教育を届ける / 世界の

corner of the world." // ⑥ They have sent DVDs of lessons / to more than 20,000
果てまで」 // 彼らは授業のDVDを送りました / 20,000人以上の生徒

students / in over 10 countries. // ⑦ In 2012, / a typhoon hit Mindanao Island /
たちに / 10を超える国々の // 2012年 / 台風がミンダナオ島を襲いました /

in the Philippines. // ⑧ Unfortunately, / a large number of children dropped out of
フィリピンの // 不幸なことに / 多くの子どもたちが退学してしまい

school. // ⑨ Miwa and his supporters cooperated with local schools and the
ました // 三輪と支援者たちは地元の学校と自治体と協力し

governments / to give the best education to those children. //
ました / そんな子どもたちに最高の授業を届けるために //

単語・熟語チェック

- □ **mission** 名 目的
- □ **village** 名 村落
- □ **consequently** 副 その結果
- □ **accept** 動 ~を受け入れる
- □ **succeed** 動 (~に)成功する
- □ **succeed in ~** 熟 ~に成功する
- □ **level** 名 水準
- □ **deliver** 動 ~を届ける
- □ **typhoon** 名 台風
- □ **hit** 動 ~を襲う
- □ **the Philippines** 名 フィリピン
- □ **drop** 動 落ちる
- □ **drop out of school** 熟 退学する
- □ **supporter** 名 支援者
- □ **cooperate** 動 (~と)協力する
- □ **cooperate with ~** 熟 ~と協力する
- □ **government** 名 政府

Check Up! ヒント

1. What did Saisho and Miwa establish?
(税所と三輪は何を設立しましたか。) →本文①

2. How many students succeeded in entering universities in 2010?
(2010年に何人の生徒たちが大学への入学を果たしましたか。) →本文②③

3. In 2012, what did Miwa and his supporters do to help children in Mindanao Island?
(2012年に三輪と彼の支援者たちはミンダナオ島の子どもたちを助けるために何をしましたか。)
→本文⑨

Sum Up! ヒント

税所と三輪は"e-Education"というNPOを(　　)。彼らの手助けのおかげで，バングラデシュの200人を超える生徒たちが，2017年までに難関大学に(　　)。彼らの(　　)は「世界の果てまで最高の(　　)を届ける」だ。10を超える国々の20,000人以上の生徒たちが彼らから授業のDVDを(　　)。

読解のカギ

③ **... and 17 others succeeded in entering other universities.**

➡ succeed in ～は「～に成功する」という意味。後ろには名詞や動名詞を置く。

Q1. ＿＿ を埋めなさい。

私は一番おいしいケーキを作ることに成功した。

I have ＿＿＿＿＿＿ ＿＿＿＿＿＿ ＿＿＿＿＿＿ the best cake.

④ **By 2017, over 200 students had entered high level universities.**
(By 2017: 過去のある時点 / had entered: had ＋動詞の過去分詞)

➡ 過去完了形〈had＋動詞の過去分詞〉を使った文。

➡ 「2017年」という過去のある時点までに，「200人を超える生徒たちが難関大学へ入学する」ことが完了していた，という状況を表している。 文法詳細 p.105

Q2. 日本語にしなさい。

I had finished eating dinner when my mother came home.

(　　　　　　　　　　　　　　　　　　　　　　　　)

⑤ **The mission of e-Education is "to deliver the best education to every corner of the world."**
(The mission of e-Education: S / is: V / "to deliver ... world.": C)

➡ to deliverは「～すること」という意味を表す不定詞の名詞的用法。

➡ ダブルクォーテーションマークで示された語句が，文の補語として主語を説明している。

Q3. 並べかえなさい。

My (a doctor / dream / become / is / to).

My ＿＿＿＿＿＿＿＿＿＿＿＿＿＿＿＿＿＿＿＿.

⑥ **They have sent DVDs of lessons to more than 20,000 students ...**

➡ Theyはe-Educationの人々を指して，「彼らは」という意味を表す。

読解のカギ Qの解答 **Q1.** succeeded in making　**Q2.** 私の母が帰宅した時，私は夕食を食べ終えていた。
Q3. (My) dream is to become a doctor(.)

PART 4

ポイント 高校生に向けた三輪の助言は何でしょうか。

①In Bangladesh, / the students who used e-Education are actively participating in society. // ②One of them is working for the Ministry of Education. // ③As a high school student, / he always thought, / "If my family were rich, / I could have a better education." // ④His dream is to change the education system / so that even children from poor families can get a good education. // ⑤e-Education gave him the chance to achieve his life dream. //

バングラデシュでは / e-Educationを使った生徒たちが社会で積極的に活動しています // 彼らのうちの一人は教育省で働いています // 高校生だった時 / 彼はいつも思っていました / 「もし私の家族が裕福なら / 私はもっと良い教育を受けられるのに」と // 彼の夢は教育制度を変えることです / 貧しい家庭の子どもたちでさえ良い教育を受けられるよう // e-Educationは彼の一生の夢を叶えるための機会を彼に与えてくれました//

⑥Miwa feels / that high school students in Bangladesh have great passion for the future. // ⑦They believe / if they study hard, / they can open new doors. // ⑧They try hard / not only for themselves but for their families and society. // ⑨Miwa advises high school students / to think about what problem they want to solve for someone. // ⑩What problem do YOU want to solve for someone and society? //

三輪は感じています / バングラデシュの高校生たちは将来に対する情熱に溢れていると// 彼らは信じています / もし一生懸命に勉強すれば / 彼らは新しい扉を開くことができると // 彼らは懸命に努力します / 彼ら自身のためだけでなく家族や社会のためにも // 三輪は高校生たちに助言します / 誰かのためにどんな問題を解決したいのかを考えてみるよう // みなさんは，誰かの，そして社会のためにどんな問題を解決したいと思いますか //

単語・熟語チェック

□	**advice**	名 助言，アドバイス
□	**participate**	動 参加する
□	**work for *A***	熟 *A*で働く
□	**ministry**	名 省
□	**Ministry of Education**	名 教育省
□	**passion**	名 情熱
□	**advise**	動 ～に助言する

Check Up! ヒント

1. What is the dream of the student working for the Ministry of Education?
(教育省で働いている生徒の夢は何ですか。) →本文④

2. What does Miwa feel about high school students in Bangladesh?
(三輪はバングラデシュの高校生たちについて何を感じていますか。) →本文⑥

3. What does Miwa advise high school students to do?
(三輪は高校生たちに何をするよう助言しますか。) →本文⑨

Sum Up! ヒント

バングラデシュでは，e-Education を使った生徒たちが社会で積極的に(　　)している。彼らは自分たちの一生の(　　)を叶えるために働いている。三輪によると，彼らは(　　)のためだけでなく社会のためにも懸命に努力する。彼は高校生たちに誰かのためにどんな(　　)を解決したいのかを考えてみるように(　　)。

読解のカギ

② **One of them is working for the Ministry of Education.**

➡ them は①の the students who used e-Education を指す。

➡ work for *A* は「*A* で働く」という意味。

Q1. ＿＿ を埋めなさい。

私の父は ABC 銀行で働いています。

My father ＿＿＿＿＿ ＿＿＿＿＿ ABC Bank.

③ **… "If my family were rich, I could have a better education."**

➡ 仮定法過去を使って「もし私の家族が裕福なら，私はもっと良い教育を受けられるのに」という，現在の事実と異なることを述べている。現在のことでも過去形を使って表す。 文法詳細 p.106

Q2. ＿＿ を埋めなさい。

もし私がたくさんのお金を持っていたら，あの車が買えるのに。

If I ＿＿＿＿＿ much money, I ＿＿＿＿＿ buy that car.

④ **His dream is to change the education system so that even children from poor families can get a good education.**

➡ to change は「～すること」という意味を表す不定詞の名詞的用法。

➡ 〈so that＋S＋can ～〉で「S が～できるように」という意味を表す。

Q3. 並べかえなさい。

Let's take (a bus / can / so / there / that / we / get) earlier.

Let's take ＿＿＿＿＿＿＿＿＿＿＿＿＿＿＿＿＿＿＿＿ earlier.

⑨ **Miwa advises high school students to think about what problem they want to solve for someone.**

➡ 〈advise＋O＋to 不定詞〉で「O に～するように助言する」という意味。

➡ what problem they want to solve for someone は間接疑問文。what problem のあとは平叙文の語順になっている。

⑩ **What problem do YOU want to solve for someone and society?**

➡ youを強調するため，大文字でYOUと表記している。

読解のカギ Q の解答 **Q1.** works for **Q2.** had, could **Q3.** (Let's take) a bus so that we can get there (earlier.)

Grammar

G-1 lessを用いた比較級

▶ lessを用いた比較級とは

2つのものを比べて, 一方の程度がより高いときに〈比較級＋than ...〉や〈more＋形容詞[副詞]＋than ...〉を使って表す。一方の程度がより低いときには, 〈less＋形容詞[副詞]＋than ...〉を使って表す。

That dress is more expensive than this one.
more ＋形容詞
(あのドレスはこのドレスより値段が高い。)

This dress is less expensive than that one.
less ＋形容詞
(このドレスはあのドレスほど値段が高くはない。)

➡ 〈less＋形容詞[副詞]＋than ...〉は「…ほど～でない」という意味。2つのものを比べて, 一方の程度がより低いことを表す。

She doesn't play tennis as well as her sister (does).
not / as ＋副詞の原級＋ as
(彼女は彼女の姉[妹]ほどテニスが上手ではない。)

➡ 〈as＋原級＋as ...〉は「…と同じくらい～」という意味を表す。この表現を〈not as＋原級＋as ...〉の形で用いて, 「…ほど～でない」という意味を表すことができる。

G-2 S＋V[知覚動詞]＋O＋現在分詞

▶ S＋V[知覚動詞]＋O＋現在分詞とは

〈知覚動詞＋O＋現在分詞〉の形で「Oが～しているのを…する」という意味を表す。
現在分詞を使って, 目的語の人や物が行っている進行中の動作を表している。

see＋O＋現在分詞

I saw Steve waiting for a bus. (私はスティーブがバスを待っているのを見かけた。)
O / 現在分詞

➡ 〈see＋O＋現在分詞〉は「Oが～しているのを見る」という意味を表す。
➡ 動作主は主語Iではなく, 目的語Steveである。

hear＋O＋現在分詞

I heard someone calling my name. (私は誰かが私の名前を呼んでいるのが聞こえた。)
O / 現在分詞

➡ 〈hear＋O＋現在分詞〉は「Oが～しているのを聞く」という意味を表す。
➡ 動作主は主語Iではなく, 目的語someoneである。

G-3 過去完了形

▶過去完了形とは

〈had＋動詞の過去分詞〉の形を過去完了形という。過去のある時点と，さらにそれより前のできごとがつながりを持っている場合に用いる。現在完了形と同じように，完了・継続・経験の３つの用法がある。

完了

My bus was delayed. The concert **had already started** when I arrived.
（The concert had already started：完了していたこと／when I arrived：過去のある時点）

（私のバスは遅れた。私が到着したとき，コンサートはすでに始まっていた。）

➡ 完了を表す過去完了形は「(過去のある時点までに)～して(しまって)いた」という意味を表す。

➡ 過去のある時点までに，あることが完了していたことを表す。

継続

She **had lived** in Paris for three years before she **came** to Japan.
（She had lived in Paris for three years：継続していた状態／before she came to Japan：過去のある時点）

（彼女は日本に来る前に，パリに３年間住んでいた。）

➡ 状態の継続を表す過去完了形は「(過去のある時点まで)ずっと～だった」という意味を表す。

➡ 過去のある時点まで，ある状態が継続していたことを表す。

➡ 状態の継続を表す過去完了形の文では，live や be のような状態を表す動詞が使われる。

We **had been playing** soccer for an hour when it **started** to rain.
（We had been playing soccer for an hour：継続していた動作／when it started to rain：過去のある時点）

（雨が降り出した時には，私たちは１時間(ずっと)サッカーをしていた。）

➡ 動作の継続を表す過去完了進行形は「(過去のある時点まで)ずっと～していた」という意味を表す。

➡ 過去のある時点まで，ある動作が継続していたことを表す。

経験

I **had never seen** an opera until I **visited** Italy.
（I had never seen an opera：経験していたこと／until I visited Italy：過去のある時点）

（イタリアを訪れるまで私はオペラを見たことがなかった。）

➡ 経験を表す過去完了形は「(過去のある時点までに)～したことがあった」という意味を表す。

➡ 過去のある時点までに，経験していたことを表す。

G-4 仮定法過去

▶仮定法過去とは

事実や現実に起こり得ることを動詞の現在形で表すのに対し，現在の事実と違うことや実際には起こり得ないことを表すときは，現在のことであっても過去形を使う。これを仮定法過去といい，〈If＋S'＋動詞の過去形，S＋助動詞の過去形＋動詞の原形〉の形で表す。

［直説法］ If it rains tomorrow, I will stay home.
動詞の現在形（rains） 助動詞の現在形（will）
（もし明日，雨が降れば，私は家にいます。）
「雨が降る」ことは実際に起こり得る

［仮定法］ If I knew his phone number, I would call him.
動詞の過去形（knew） 助動詞の過去形（would）
（彼の電話番号を知っていれば，彼に電話するのに。）
実際には彼の電話番号を知らない

would

If I had a time machine, I would travel to the past.
動詞の過去形（had） 助動詞の過去形（would）
（もし私がタイムマシンを持っていたら，過去に行くだろうに。）

➡〈If＋S'＋動詞の過去形，S＋would＋動詞の原形〉で「もし（今）S'が～ならば，Sは…だろうに」という意味を表す。

could

If I were free, I could go with you.
動詞の過去形（were） 助動詞の過去形（could）
（暇があれば，君と一緒に行けるのに。）

➡〈If＋S'＋動詞の過去形，S＋could＋動詞の原形〉で「もし（今）S'が～ならば，Sは…できるのに」という意味を表す。

➡仮定法過去のif節で使うbe動詞の過去形は，主語がIや3人称単数でも，wasではなくwereを使うことが多い。

might

If I were a bird, I might fly to you.
動詞の過去形（were） 助動詞の過去形（might）
（もし私が鳥ならば，あなたのところに飛んでいくかもしれないのに。）

➡〈If＋S'＋動詞の過去形，S＋might＋動詞の原形〉で「もし（今）S'が～ならば，Sは…かもしれないのに」という意味を表す。

Finish Up! ヒント

1. 「(　　)起業家」形容詞が入る。(教 p.126, ll.1 ～ 3)
2. 「“e-Education”という(　　)の代表」名詞が入る。(教 p.128, ll.1 ～ 2)
3. 「世界の果てまで最高の(　　)を届ける」名詞が入る。(教 p.128, ll.9 ～ 10)
4. 「彼と税所さんは，(　　)年にバングラデシュで大学在学中にインターンをした。」数字が入る。(教 p.126, ll.4 ～ 6)
5. 「彼らは高校生たちが深夜に街灯の下で一生懸命に(　　)のを見た。」動詞の現在分詞が入る。(教 p.126, ll.6 ～ 8)
6. 「彼らはバングラデシュでは 4 万人の教師が(　　)しているということを知った。」形容詞が入る。(教 p.126, ll.12 ～ 13)
7. 「彼らはカリスマ教師たちの授業を DVD に録画して，大学に入学するための勉強を(　　)ためにそれらの DVD を貧しい高校生たちに送った。」動詞が入る。(教 p.126, ll.13 ～ 17)
8. 「2017 年までに，(　　)人を超える生徒たちが難関大学に入学していた。」数字が入る。(教 p.128, ll.7 ～ 8)
9. 「彼らは 10 を超える国々の(　　)人以上の生徒たちに授業の DVD を送った。」数字が入る。(教 p.128, ll.10 ～ 12)
10. 「誰かのためにどんな(　　)を解決したいのかを考えなさい。」名詞が入る。(教 p.130, ll.14 ～ 16)

OUTPUT ヒント

Listen

Risa: 「私は(　　)が得意で，週に(　　)，(　　)の授業を受けている。」
「私は人々を(　　)に(　　)たい。」

Daisuke: 「私は他の(　　)よりも(　　)が好きだ。」
「私はイチローを(　　)。」

Write&Speak

例 I want to be a nurse in the future. I have two reasons. First, I like to help people. When I see them smiling, I feel happy, too. Second, my mother is a nurse and cares for me when I feel sick. I respect her very much. Therefore, I want to be a nurse like my mother.

Interact

例

dream job: a nurse
1st reason: He likes to help people.
2nd reason: His mother is a nurse and he respects her very much.
Questions: Have you seen your mother working at the hospital?

定期テスト予想問題

解答 ➡ p.157

1 日本語に合うように，____に適切な語を入れなさい。

(1) この町は水が不足している。
This town is ______ ______ water.

(2) 私たちは学校と協力しなければならない。
We must ______ ______ the school.

(3) 彼らはついに正しい答えを見つけることに成功した。
They finally ______ ______ finding the correct answer.

(4) ますます多くの人々がこの国に観光に来るようになっています。
______ ______ ______ people are coming to this country for sightseeing.

2 (　)内の語句のうち，適切なものを選びなさい。

(1) I saw your sister (to help, helping, helped) a woman at the station.

(2) He (have, has, had) left for Tokyo when I arrived at the station.

(3) If I (am, were, have been) you, I wouldn't do such a thing.

3 日本語に合うように，(　)内の語句を並べかえなさい。

(1) 彼は私の意見にはもう興味がない。
(is / no / interested / in / longer / opinion / he / my).
______________________________.

(2) この店ではワインは水ほど高くない。
(less / is / than / water / wine / expensive) at this shop.
______________________________ at this shop.

(3) 私の背後で誰かが叫んでいるのがちょうど聞こえた。
(I / me / shouting / just / heard / have / behind / someone).
______________________________.

(4) 彼らが空港に着く前に，飛行機はすでに離陸してしまっていた。
The plane (already / had / before / they / got / taken off / to the airport).
The plane ______________________________.

4 次の日本語を英語にしなさい。

(1) もし今日雨が降っていなかったら，私は図書館まで歩けるのに。
____

(2) 私はその男の子が窓をきれいにしているのを見た。
____

5 次の英文を読んで，あとの問いに答えなさい。

①(do / job / you / want / decide / what / how / you)? Do you choose a high salary? Recently, more and more people are starting businesses to help solve social problems. ②They are less interested in making money than in making society better. These people are called "③social entrepreneurs." For example, ④Florence Nightingale, who founded the first nursing school, was a social entrepreneur. Thanks to her, today's nursing schools and the job title of nurse were established.

(1) 下線部①が「みなさんはどの職業に就きたいかをどのように決めますか。」という意味になるように，( )内の語を並べかえなさい。

____?

(2) 下線部②と同じ意味になるように，下の文を完成させなさい。
They are ____________ interested in making society better than in making money.

(3) 下線部③はどんな人たちのことですか。日本語で答えなさい。
(　　　　　　　　　　　　　　　　　　　　)人たち

(4) 下線部④の人物が設立したものを日本語で答えなさい。
(　　　　　　　　　　　　　　　　　　　　)

6 次の英文を読んで，あとの問いに答えなさい。

In Bangladesh, the students who used e-Education are actively ①(participate) in society. One of ②them is working for the Ministry of Education. As a high school student, he always thought, "If my family (③) rich, I could have a better education." His dream is to change the education system so that even children from poor families can get a good education. e-Education gave him the chance to achieve his life dream.

(1) 下線部①の( )内の語を適切な形に書きかえなさい。

____

(2) 下線部②の them は何を指しているか，日本語で答えなさい。
(　　　　　　　　　　　　　　　　　　　　)

(3) (③)に入る適切な語を選びなさい。
a. were　　b. is　　c. are　　d. been　　(　　　)

(4) 次の質問に英語で答えなさい。
What did e-Education give the high school student?

____

Optional Lesson 1 Space Elevator

PART 1

ポイント 「宇宙エレベーター」とは何でしょうか。

① "If I were an astronaut, / I could go into space." // ② Many of us dream /
もし私が宇宙飛行士なら / 私は宇宙に行くことができるのに // 私たちの多くは夢見る /

of traveling to space, / but it is difficult / to become an astronaut. // ③ However, /
宇宙へ旅行することを / でも難しい / 宇宙飛行士になることは // しかし /

we should not give up our dream. // ④ A new type of scientific technology / may
私たちは夢をあきらめるべきではない // 新しい種類の科学技術が / もっと

take us into space more easily. // ⑤ It is called / "the space elevator." //
簡単に私たちを宇宙へ連れていってくれるかもしれない//それは呼ばれている/「宇宙エレベーター」と//

⑥ According to Ohno Shuichi, / the president of the Japan Space Elevator
大野修一氏によると / 日本宇宙エレベーター協会の会長である

Association / (JSEA), / just like traveling abroad, / anyone will be able to ride
/ (JSEA) / ちょうど海外旅行をするように / だれもがエレベーターに乗って行くことが

the elevator / into space. // ⑦ This is not just a science fiction story. //
できるようになるだろう / 宇宙へ // これはただのSF小説ではない //

⑧ According to the JSEA, / the space elevator will become a reality / by the middle
JSEAによれば / 宇宙エレベーターは現実になるだろう / 今世紀の中ごろ

of this century. //
までに //

単語・熟語チェック

- □ **elevator** 名 エレベーター
- □ **astronaut** 名 宇宙飛行士
- □ **dream of ～** 熟 ～を夢見る
- □ **give up ～** 熟 ～をあきらめる
- □ **president** 名 会長，大統領
- □ **association** 名 協会
- □ **abroad** 副 海外に[へ]
- □ **fiction** 名 小説
- □ **reality** 名 現実

Check Up! ヒント

1. What is difficult for many of us to become?
(私たちの多くにとってなるのが難しいものは何ですか。) →本文②

2. What is the new type of scientific technology called?
(新しい種類の科学技術は何と呼ばれていますか。) →本文⑤

3. When will the space elevator become a reality?
(宇宙エレベーターはいつ現実になりますか。) →本文⑧

Sum Up! ヒント

宇宙飛行士になることは(　　)。しかし，新しい種類の科学(　　)がもっと簡単に私たちを(　　)へ連れていってくれるかもしれない。それは「宇宙(　　)」と呼ばれている。それは今世紀の中ごろまでに(　　)になるだろう。

読解のカギ

① **"If I were an astronaut, I could go into space."**
if 節(If + S' +動詞の過去形)　主節(S + could +動詞の原形)

➡ If I were an astronaut は〈If + S' + 動詞の過去形〉の形で，現在の事実と違うことを表す仮定法過去。if 節内の be 動詞は，主語が I や 3 人称単数でも，was ではなく were が使われることが多い。主節の I could go into space は〈S + could + 動詞の原形〉の形。「もし(今)S'が〜ならば，S は…できるのに」という意味。 文法詳細 p.118

Q1. ＿＿を埋めなさい。

もし彼がひまなら，私たちは彼といっしょにサッカーができるのに。

If he ＿＿＿＿ free, we ＿＿＿＿ ＿＿＿＿ soccer with him.

② **Many of us dream of traveling to space, but it is difficult to become an astronaut.**
it is ＋形容詞＋ to 不定詞

➡ dream of 〜は「〜を夢見る」という意味。

➡ traveling は「旅行すること」という意味を表す動名詞。to space を伴って前置詞 of の目的語になっている。

➡ to become は「なること」という意味を表す名詞的用法の不定詞。an astronaut を伴って文の主語になっている。形式主語の it が前に置かれ，真の主語である不定詞が後ろにきている。〈it is + 形容詞 + to 不定詞〉で「〜することは…である」という意味。

③ **However, we should not give up our dream.**

➡ give up 〜は「〜をあきらめる」という意味。

⑤ **It is called "the space elevator."**
be 動詞(現在形)＋動詞の過去分詞

➡ It は④の A new type of scientific technology を指す。

➡ is called は〈call + O + C〉「O を C と呼ぶ」の受動態。O にくる it が主語になるが，C にくる"the space elevator"は called のあとに残ることに注意。

⑥ **According to Ohno Shuichi, the president of the Japan Space Elevator Association (JSEA), just like traveling abroad, anyone will be able to ride the elevator into space.**

➡ traveling が abroad を伴って前置詞 like の目的語になっている。

➡ be able to *do* は「〜することができる」という意味。will を伴うと未来のことを表す。

読解のカギ Q の解答　**Q1.** were, could play

PART 2

ポイント 宇宙エレベーターはどのようにして作られるのでしょうか。

① How can we build the space elevator? // ② First, / a satellite will be launched /
私たちはどのようにして宇宙エレベーターを作ることができるのか//最初に/人工衛星が打ち上げられるだろう/

up to about 36,000 km / above the Earth. // ③ Then, / a cable will be stretched down /
約36,000キロメートルまで/ 地球上空 // それから/1本のケーブルが下へ伸ばされるだろう/

from the satellite / to the Earth's surface. // ④ When the elevator is attached to
人工衛星から / 地球の表面まで // エレベーターがそのケーブルに取り付け

the cable, / it can climb up and down / along it. //
られると / エレベーターは上り下りできる/ それに沿って//

⑤ How long will it take / to go into space / on the space elevator? //
どれくらい時間がかかるのか / 宇宙へ行くのに / 宇宙エレベーターに乗って //

⑥ With electricity, / the elevator will run / at 200 to 300 km / per hour. //
電気を使って /エレベーターは走行するだろう /200から300キロメートルの速度で /1時間につき //

⑦ Therefore, / the elevator will take 20 to 30 minutes / to go into space, / 100 km
したがって / エレベーターは20から30分かかる / 宇宙へ行くのに / 地球上空

above the Earth. // ⑧ In order to reach the satellite, / the elevator will take about
100キロメートルの // 人工衛星に到着するためには / エレベーターは約1週間

one week. // ⑨ If linear motor technology is used, / the travel time will be much
かかる // もしリニアモーターの技術が使われれば / 旅行時間はもっとずっと短くなる

shorter. //
だろう //

単語・熟語チェック

- □ **satellite** 名 人工衛星
- □ **will be** 過去分詞 熟 ～されるだろう
- □ **launch** 動 ～を打ち上げる
- □ **up to ～** 熟 ～(に至る)まで
- □ **above** 前 ～の上に[の]
- □ **cable** 名 ケーブル
- □ **stretch** 動 ～を伸ばす
- □ **surface** 名 表面
- □ **attach** 動 ～を取り付ける
- □ **attach *A* to *B*** 熟 AをBに取り付ける
- □ **climb up and down** 熟 上り下りする
- □ **electricity** 名 電気
- □ **per** 前 ～につき
- □ **in order to *do*** 熟 ～するために
- □ **linear** 形 直線の
- □ **motor** 名 モーター

Check Up! ヒント

1. To build the space elevator, what will be done first?
(宇宙エレベーターを作るために，何が最初になされますか。) →本文②

2. Where will a cable be stretched down from the satellite to?
(1本のケーブルは人工衛星からどこまで下に伸ばされますか。) →本文③

3. How fast will the space elevator run?
(宇宙エレベーターはどれくらいの速さで走行しますか。) →本文⑥

Sum Up! ヒント

宇宙エレベーターを(　　)ために，最初に(　　)が打ち上げられる。次に(　　)が人工衛星から地球の表面まで下へ伸ばされる。それからエレベーターがそのケーブルに(　　)られる。(　　)を使って，それは1時間につき200から300キロメートルの速度で走行する。

読解のカギ

② **First, a satellite will be launched up to about 36,000 km above the Earth.**
will be ＋動詞の過去分詞

➡ will be launched は助動詞を含む受動態。〈will be＋動詞の過去分詞〉で「～されるだろう」という意味。 文法詳細 p.119

➡ up to ～は「～(に至る)まで」という意味。

➡ above は「～の上に[の]」という意味を表す前置詞。離れた上方の位置を表す。

Q1. 並べかえなさい。

その祭りは来週開催されるだろう。
(festival / be / week / held / the / next / will).

____.

③ **Then, a cable will be stretched down from the satellite to the Earth's surface.**

➡ will be stretched は助動詞を含む受動態。〈will be＋動詞の過去分詞〉で「～されるだろう」という意味。 文法詳細 p.119

④ **When the elevator is attached to the cable, it can climb up and down along it.**

➡ attach *A* to *B* は「*A* を *B* に取り付ける」という意味。*A* にくる the elevator が主語になり，受け身の形になっている。

➡ 1つ目の it は文の前半の the elevator を，2つ目の it は the cable を指す。

➡ climb up and down は「上り下りする」という意味。

⑤ **How long will it take to go into space on the space elevator?**
時間　　to *do*

➡ 〈It takes＋時間＋to *do*〉は「～するのに時間がかかる」という意味。所要時間を How long ～? で尋ねている。未来のことを表すので will が使われている。

⑧ **In order to reach the satellite, the elevator will take about one week.**

➡ in order to *do* は「～するために」という意味。副詞的用法の不定詞の〈目的〉の意味をより明確に示す表現。

➡ reach は「～に到着する」という意味の他動詞。前置詞がつかないことに注意。

読解のカギ Qの解答　**Q1.** The festival will be held next week(.)

PART 3

ポイント 宇宙エレベーターを建設する際の最大の問題は何でしょうか。

① The space elevator needs / an extremely long cable. // ② It must be about
宇宙エレベーターは必要とする / 極端に長いケーブルを // それは約 10 万キロメートルの長さが

100,000 km long. / ③ That is about eight times as long / as the Earth's diameter. //
なくてはならない / それは約 8 倍の長さだ / 地球の直径の //

④ Also, / it must be more than 100 times as strong / as steel, / because such a long
また / それは 100 倍以上頑丈でなくてはならない / 鋼鉄の / そのような長いケーブルは

cable / is easy to break. // ⑤ No one could find a material / for such a long and strong
~なので / 簡単にちぎれてしまう // だれも素材を見つけることができなかった / そのような長くて頑丈な

cable. // ⑥ It had been the biggest problem. //
ケーブルの // それが最大の問題だった //

⑦ However, / Dr. Iijima Sumio, / a Japanese scientist, / found the best material
しかし / 飯島澄男博士が / 日本人科学者の / そのケーブルに最適な素材を

for the cable / in 1991. // ⑧ It is called a "carbon nanotube." // ⑨ Carbon nanotubes
見つけた / 1991 年に // それは「カーボンナノチューブ」と呼ばれている // カーボンナノチューブは

are / about 50,000 times as thin / as your hair, / and 20 times as strong /
~である / 約 50,000 倍細い / あなたの髪の毛の / そして 20 倍頑丈だ /

as steel. // ⑩ Researchers are now working hard / to make long cables /
鋼鉄の // 研究者たちが今, 懸命に努力している / 長いケーブルを作るために /

using them. //
それらを使って //

単語·熟語チェック

□ **extremely**	副 極端に	□ **carbon**	名 カーボン, 炭素
□~ **times as** + 原級 + **as** ***A***	熟 *A* の~倍…だ	□ **nanotube**	名 ナノチューブ
□ **steel**	名 鋼鉄	□ **thin**	形 細い, 薄い
□ **material**	名 素材	□ **researcher**	名 研究者

Check Up! ヒント

1. What does the space elevator need?
(宇宙エレベーターは何を必要としますか。) →本文①

2. How strong must the cable be?
(ケーブルはどのくらい頑丈でなくてはなりませんか。) →本文④

3. Why are carbon nanotubes the best material for the cable?
(カーボンナノチューブはなぜケーブルに最適な素材なのですか。) →本文⑨

Sum Up! ヒント

宇宙エレベーターのためのケーブルは，鋼鉄の 100 倍以上(　　)なくてはならない。飯島澄男博士は「(　　)ナノチューブ」と呼ばれる最適な(　　)を見つけた。(　　)は今，それらを使って(　　)ケーブルを作るために懸命に努力している。

読解のカギ

② **It must be about 100,000 km long.**

➡ It は①の an extremely long cable を指す。

➡ long は長さを表す語の後ろについて「長さが～で」という意味を表す。

③ **That is about eight times as long as the Earth's diameter.**

～ times as ＋原形＋ as *A*

➡ 〈as＋原級＋as *A*〉「*A* と同じくらい…だ」の前に「～倍」という表現をつけると「*A* の～倍…だ」という意味になる。～ times で「～倍」という意味。 文法詳細 p.120

④ **Also, it must be more than 100 times as strong as steel, because such a long cable is easy to break.**

～ times as ＋原形＋ as *A*

➡ 〈～ times as＋原級＋as *A*〉は「*A* の～倍…だ」という意味。 文法詳細 p.120

➡ easy to break の easy は難易を表す形容詞。〈be 動詞＋難易を表す形容詞＋to 不定詞〉の形で「～するには…だ」という意味を表す。

Q1. 並べかえなさい。

あなたのバッグは私のバッグの 3 倍の大きさだ。

(is / times / big / three / your / mine / as / bag / as).

____.

⑥ **It had been the biggest problem.**

➡ It は⑤の内容を指す。

➡ had been は「ずっと～だった」という過去のある時点までの継続を表す過去完了形。

⑨ **Carbon nanotubes are about 50,000 times as thin as your hair, and 20 times as strong as steel.**

～ times as ＋原形＋ as *A*

➡ 〈～ times as＋原級＋as *A*〉は「*A* の～倍…だ」という意味。 文法詳細 p.120

⑩ **Researchers are now working hard to make long cables using them.**

S　V　～ing 形

➡ to make は「作るために」という意味を表す副詞的用法の不定詞。

➡ 現在分詞 using が them を伴って「～しながら」という意味を表す分詞構文になっている。

➡ them は⑨の carbon nanotubes を指す。

読解のカギ Q の解答　**Q1.** Your bag is three times as big as mine(.)

PART 4

ポイント ロケットと宇宙エレベーターのどちらがより環境に優しいでしょうか。

①Today, / we use rockets / to go into space. // ②They need a lot of fuel /
今日 / 私たちはロケットを使う / 宇宙へ行くために // それらは大量の燃料を必要とする /

and produce carbon dioxide. // ③On the other hand, / the space elevator will be
そして二酸化炭素を生み出す // 一方 / 宇宙エレベーターは

much more energy-saving and eco-friendly / than rockets. // ④It will use a lot of
もっとずっと省エネで環境に優しいだろう / ロケットよりも // それは大量の電気を

electricity / to go up, / but it can produce electricity / when it comes down. //
使う / 上昇するために / しかしそれは電気を生み出すことができる / 下降するときに //

⑤That electricity can be used / when the elevator goes up again. // ⑥The space
その電気は使われることができる / エレベーターが再び上昇するときに // 宇宙

elevator will not produce any carbon dioxide. //
エレベーターは二酸化炭素を少しも生み出さないだろう //

⑦The space elevator has even more potential. // ⑧We may be able to build
宇宙エレベーターにはさらなる可能性がある // 私たちは宇宙エレベーターを建設

space elevators / on other planets such as Mars, too. // ⑨With the elevators, / we
できるかもしれない / 火星のような他の惑星にも // そのエレベーターがあれば / 私たちは

may be able to send things / between the Earth and other planets / without using
物を送ることができるかもしれない / 地球と他の惑星の間で / 燃料を使うこと

fuel. // ⑩Like a hammer throw, / we could use the rotation of a planet. // ⑪This
なく // ハンマー投げのように / 私たちは惑星の自転を利用できるかもしれない // こう

kind of technology may be possible / in the future. //
いった類の技術が現実になるかもしれない / 将来 //

単語・熟語チェック

☐ **eco-friendly**	形 環境に優しい	☐ **Mars**	名 火星
☐ **rocket**	名 ロケット	☐ **without *doing***	熟 ～することなしに
☐ **fuel**	名 燃料	☐ **hammer**	名 ハンマー
☐ **dioxide**	名 二酸化物	☐ **throw**	名 投げること
☐ **energy-saving**	形 省エネの	☐ **could**	助 ～できるかもしれない
☐ **go up**	熟 上昇する	☐ **rotation**	名 自転
☐ **come down**	熟 下降する	☐ **possible**	形 できる
☐ **potential**	名 可能性		

Check Up! ヒント

1. When can the space elevator produce electricity?
(いつ宇宙エレベーターは電気を生み出すことができますか。) →本文④

2. Why is the space elevator more eco-friendly than rockets?
(なぜ宇宙エレベーターはロケットよりも環境に優しいのですか。) →本文⑥

3. Where may we be able to build space elevators, too?
(私たちはどこにもまた, 宇宙エレベーターを建設することができるかもしれませんか。)　→本文⑧

Sum Up! ヒント

宇宙エレベーターは(　　)よりも省エネで環境に優しくなるだろう。それは電気を生み出すことができ，二酸化炭素を少しも(　　)ない。宇宙エレベーターがあれば，(　　)を使うことなく，(　　)と他の惑星の間で物を送ることができるかもしれない。将来，私たちはこのような類の(　　)を持つかもしれない。

読解のカギ

④ **It will use a lot of electricity to go up, but it can produce electricity when it comes down.**

➡ It と 2 つの it はすべて③の the space elevator を指す。

➡ go up は「上昇する」，come down は「下降する」という意味。

⑤ **That electricity can be used when the elevator goes up again.**

➡ can be used は助動詞を含む受動態。〈can be＋動詞の過去分詞〉で「～されることができる」という意味。

⑧ **We may be able to build space elevators on other planets such as Mars, too.**

➡ may は「～かもしれない」という意味の助動詞。

➡ be able to ～は「～することができる」という意味。助動詞 can も同じ意味を表すが，同じく助動詞の may の直後に続けることはできない。

➡ such as ～は「～のような」という意味。

Q1. 日本語にしなさい。

We may be able to arrive in Tokyo today.

(　　　　　　　　　　　　　　　　　　　　　　　　　　　　　　)

⑨ **With the elevators, we may be able to send things between the Earth and other planets without using fuel.**

➡ between *A* and *B* は「*A* と *B* の間に」という意味。

➡ without *do*ing は「～することなしに」という意味。前置詞のあとに続く動詞は -ing 形にする。

読解のカギ Q の解答　**Q1.** 私たちは今日東京に到着することができるかもしれない。

Grammar

G-1 仮定法過去(復習)

▶仮定法過去とは

事実や現実に起こり得ることを動詞の現在形で表すのに対し，現在の事実と違うことや実際には起こり得ないことを表すときは，現在のことでも過去形を使う。これを仮定法過去といい，〈If＋S'＋動詞の過去形，S＋助動詞の過去形＋動詞の原形〉の形で表す。

［直説法］ If it is sunny tomorrow, I will drive.
動詞が現在形 → is　助動詞が現在形 → will drive
(もし明日晴れたら，私はドライブするだろう。)
実際に晴れる可能性がある → もし明日晴れたら

［仮定法］ If I had a car, I would drive every day.
動詞が過去形 → had　助動詞が過去形 → would drive
(もし私が車を持っていれば，毎日ドライブするだろうに。)
実際には持っていない → もし私が車を持っていれば

would

If I had a car, I would drive every day.
動詞の過去形 (had)　would ＋動詞の原形 (would drive)
(もし私が車を持っていれば，毎日ドライブするだろうに。)

➡〈If＋S'＋動詞の過去形，S＋would＋動詞の原形〉で「もし(今)S'が～ならば，Sは…だろうに」という意味を表す。

could

If I knew his phone number, I could call him.
動詞の過去形 (knew)　could ＋動詞の原形 (could call)
(もし私が彼の電話番号を知っていれば，彼に電話できるのに。)
実際には知らない → もし私が彼の電話番号を知っていれば

➡〈If＋S'＋動詞の過去形，S＋could＋動詞の原形〉で「もし(今)S'が～ならば，Sは…できるのに」という意味を表す。

might

If I were you, I might choose a different way.
動詞の過去形 (were)　might ＋動詞の原形 (might choose)
(もし私があなたなら，別の方法を選ぶかもしれないのに。)
実際にはそうではない → もし私があなたなら

➡〈If＋S'＋動詞の過去形，S＋might＋動詞の原形〉で「もし(今)S'が～ならば，Sは…かもしれないのに」という意味を表す。

➡ 仮定法過去のif節で使うbe動詞の過去形は，主語がIや3人称単数でも，wasではなくwereを使うことが多い。

G-2 助動詞を含む受動態

▶助動詞を含む受動態とは

受動態は〈be 動詞＋動詞の過去分詞〉の形で表すが，助動詞を含む文も受動態にすることができる。助動詞のあとの動詞は原形になるので，〈助動詞＋be＋過去分詞〉の形になる。

will

Her new DVD **will be sold** soon. （彼女の新しい DVD はすぐに販売されるだろう。）

➡〈will be＋過去分詞〉は「～されるだろう」という意味を表す。

can

This castle **can be seen** in Italy. （この城はイタリアで見ることができる。）

➡〈can be＋過去分詞〉は「～されることができる」という意味を表す。

may

The game **may be canceled**. （その試合は中止されるかもしれない。）

➡〈may be＋過去分詞〉は「～されるかもしれない」という意味を表す。

must

The meeting **must be held**.
（会議は開催されなければならない［されるにちがいない］。）

➡〈must be＋過去分詞〉は「～されなければならない，～されるにちがいない」という意味を表す。

should

The meeting **should be held**. （会議は開催されるべきだ。）

➡〈should be＋過去分詞〉は「～されるべきだ」という意味を表す。

否定文

This castle **cannot be seen** in Italy.
（この城はイタリアでは見ることができない。）

➡助動詞を含む受動態の否定文は，助動詞のあとに not を置き，〈助動詞＋not be＋過去分詞〉の語順で表す。

疑問文

Will her new DVD **be sold** soon?
（彼女の新しい DVD はすぐに販売されるだろうか。）

➡助動詞を含む受動態の疑問文は，主語の前に助動詞を置き，〈助動詞＋主語＋be＋過去分詞 ...?〉の語順で表す。

G-3 倍数表現

▶倍数表現とは

２つのものを比べて「～倍…だ」というときは，〈as＋原級＋as ...〉の前に倍数表現を置いて表す。

～倍…

Columbia is three times as large as Japan.
（コロンビアは日本の３倍の広さだ。）
Chile is twice as large as Japan.
（チリは日本の２倍の広さだ。）

➡〈～ times as＋原級＋as *A*〉で「*A* の～倍…だ」という意味を表す。
➡「２倍」のときは～ times の代わりに twice を使う。

半分の…

Japan is half as large as Chile.
（日本はチリの半分の広さだ。）

➡〈half as＋原級＋as *A*〉で「*A* の半分[２分の１]の…だ」という意味を表す。

Finish Up! ヒント

1.「(　　)を地球上空約 36,000 キロメートルまで打ち上げる。」名詞が入る。
(教 p.144, ℓℓ.1 ～ 3)

2, 3.「1 本の(　　)を人工衛星から地球の(　　)まで下へ伸ばす。」どちらも名詞が入る。
(教 p.144, ℓℓ.3 ～ 4)

4.「(　　)をそのケーブルに取り付ける。」名詞が入る。(教 p.144, ℓℓ.5 ～ 6)

5.「それらは宇宙エレベーターのケーブルに最適な(　　)だ。」名詞が入る。
(教 p.146, ℓℓ.8 ～ 9)

6.「それらは日本人の(　　)によって見つけられた。」名詞が入る。(教 p.146, ℓℓ.8 ～ 9)

7.「それらは(　　)の 20 倍頑丈だ。」名詞が入る。(教 p.146, ℓℓ.10 ～ 12)

8.「省エネ：エレベーターは下降するときに(　　)を生み出すことができる。」名詞が入る。(教 p.148, ℓℓ.4 ～ 6)

9.「環境に優しい：エレベーター自体は少しも(　　)炭素を生み出さない。」名詞が入る。
(教 p.148, ℓℓ.8 ～ 9)

10.「素材の移送：将来，私たちは宇宙エレベーターを使って，地球と他の惑星の間で物を(　　)ことができるかもしれない。」動詞が入る。
(教 p.148, ℓℓ.12 ～ 14)

OUTPUT ヒント

Listen

Risa

What I would like to do：「私は宇宙から(　　)したい。」

Why?：「(　　)と(　　)だと言われている。」

Daisuke

What I would like to do：「私は宇宙で(　　)したい。」

Why?：「私は(　　)野球が大好きだ。宇宙でキャッチボールをすることは，ここでそれをすること(　　)。」

Write&Speak

例 If I could take a trip into space on the space elevator, I would like to watch the moon from space. In Japan, it is said that we can see a shadow of a rabbit making a rice cake. I want to make sure whether it is true or not.

Interact

例

Questions:

Do you think using the space elevator is safe?

How much money would you pay if you could get on the space elevator?

定期テスト予想問題

解答 ➡ p.158

1 日本語に合うように，____に適切な語を入れなさい。

(1) 彼女は看護師として働くことを夢見ている。
She __________ __________ working as a nurse.

(2) アミはさようならを私に言うことなくパリに出発した。
Ami left for Paris __________ __________ good-bye to me.

(3) 彼は宇宙飛行士になるために一生懸命勉強している。
He studies hard in __________ __________ become an astronaut.

(4) 今日の気温は 35 度まであがるだろう。
Today's temperature will go __________ __________ 35℃ .

2 ( )内の語句のうち，適切なものを選びなさい。

(1) If I (have, had, will have) time, I could go to the movie with you.
(2) If I knew his address, I (write, will write, would write) a letter to him.
(3) The meeting might (cancel, canceled, be canceled).

3 日本語に合うように，( )内の語を並べかえなさい。

(1) もし彼女が日本にいれば，私は彼女を訪ねるかもしれないのに。
If (in / I / she / visit / were / her / Japan / might / ,).
If ____.

(2) 空にはたくさん星が見える。
(can / the / of / seen / sky / lot / a / stars / in / be).
____.

(3) この山はあの山の 5 倍の高さだ。
(one / mountain / as / five / that / high / this / times / is / as).
____.

(4) そのドアは閉じられなければならない。
(must / closed / the / be / door).
____.

4 次の日本語を英語にしなさい。

(1) もし私が医者であれば，病気の人々を助けることができるのに。
____

(2) そのロケットは明日打ち上げられるだろう。
____

(3) あなたの犬は私の犬の 2 倍年をとっている。
____

5 次の英文を読んで，あとの問いに答えなさい。

"①If I were an astronaut, I could go into space." Many of us dream of traveling to space, but ②(to / it / an / become / difficult / astronaut / is). However, ③we should not (　　)(　　) our dream. A new type of scientific technology may take us into space more easily. It is called "the space elevator."

(1) 下線部①の英語を日本語に訳しなさい。
(　　　　　　　　　　　　　　　　　　　　　　　　　　　)

(2) 下線部②が「宇宙飛行士になることは難しい」という意味になるように，( )内の語を並べかえなさい。

____

(3) 下線部③が「私たちは夢をあきらめるべきではない」という意味になるように，( )に適切な語を入れなさい。
we should not __________ __________ our dream

(4) 次の質問に英語で答えなさい。
What may the space elevator do?

____

6 次の英文を読んで，あとの問いに答えなさい。

Today, we use rockets to go into space. They need a lot of fuel and produce carbon dioxide. On the other hand, the space elevator will be (①) more energy-saving and eco-friendly than rockets. It will use a lot of electricity to go up, but it can produce electricity when it comes down. ②That electricity (　　)(　　)(　　) when the elevator goes up again. The space elevator will not produce any carbon dioxide.

③The space elevator has even more potential.

(1) (①)に入る適切な語を選びなさい。
a. all　　b. ever　　c. much　　d. very　　(　　)

(2) 下線部②が「その電気は使われることができる」という意味になるように，( )に適切な語を入れなさい。
That electricity __________ __________ __________

(3) 下線部③の英語を日本語に訳しなさい。
(　　　　　　　　　　　　　　　　　　　　　　　　　　　)

(4) 次の質問に英語で答えなさい。
What can the space elevator produce when it comes down?

____

Optional Lesson 2

Friendship over Time

PART 1

ポイント イラン・イラク戦争中に日本人に何が起きたのでしょうか。

① On March 17, / 1985, / during the Iran-Iraq War, / Iraq surprised the world. //
3月17日 / 1985年 / イラン・イラク戦争中に / イラクは世界を驚かせた //

② It announced, / "Forty-eight hours from now, / we will shoot down any airplanes /
それは発表した / 今から48時間後 / 私たちはどんな航空機も撃墜するだろう /

flying over Iran." // ③ Foreign people in Iran / began to return home in a hurry. //
イランの上空を飛行している // イランにいた外国人は / 急いで故郷へ帰り始めた //

④ Unfortunately, / at that time, / there was no regular airline service / between
不運にも / その時代には / 定期航空便は1つもなかった / イランと

Iran and Japan. // ⑤ As a result, / more than 200 Japanese people / were left in Iran. //
日本の間の // その結果 / 200人を超える日本人が / イランに取り残された //

⑥ They almost lost hope of going home. // ⑦ Then, / Turkish Airlines offered /
彼らはもう少しで故郷へ帰る希望を失うところだった // そのとき / トルコ航空が提供した /

special seats for them. // ⑧ They were able to fly out of Iran / just in time. //
彼らのための特別席を // 彼らはイランから飛び立つことができた / ぎりぎり間に合って //

⑨ The next day, / the Japanese media took up the rescue / as their headline
翌日 / 日本のマスコミはその救出を取り上げた / トップニュース

news. // ⑩ But they did not know / why Turkey saved the Japanese. // ⑪ Some
として // しかし彼らにはわからなかった / なぜトルコが日本人を救ってくれたのか // ある

people thought / that one of the reasons was the Ertugrul accident / in 1890. //
人々は考えた / その理由の1つはエルトゥールル号の事故だと / 1890年の //

⑫ What was the Ertugrul accident? //
エルトゥールル号の事故とはどういうものだったのか //

単語・熟語チェック

□	**friendship**	名 友好関係
□	**Iran**	名 イラン
□	**Iraq**	名 イラク
□	**surprise**	動 ～を驚かせる
□	**announce**	動 ～を発表する
□	**shoot**	動 ～を撃つ
□	**shoot down ～**	熟 ～を撃墜する
□	**airplane**	名 航空機
□	**hurry**	名 急ぐこと
□	**in a hurry**	熟 急いで
□	**airline**	名 定期航空路, 航空会社
□	**service**	名 (バスなどの)便
□	**result**	名 結果
□	**as a result**	熟 その結果(として)
□	**Turkish**	形 トルコ(人)の
□	**in time**	熟 間に合って
□	**media**	名 マスコミ
□	**take up ～**	熟 ～を(話題として)取り上げる
□	**rescue**	名 救出
□	**headline**	名 見出し
□	**Turkey**	名 トルコ

Check Up! ヒント

1. Why did foreign people in Iran begin to return home in a hurry?
(イランにいた外国人はなぜ急いで故郷へ帰り始めたのですか。) →本文②

2. How did Japanese people in Iran fly out of Iran?
(イランにいた日本人はどのようにしてイランから飛び立ちましたか。) →本文⑦

3. What did the Japanese media do? (日本のマスコミは何をしましたか。) →本文⑨

Sum Up! ヒント

1985年，イラン・イラク戦争中に，(　　)航空がイランに(　　)日本人のための特別席を提供した。日本の(　　)はトップニュースとしてその(　　)を取り上げた。しかし，彼らには(　　)トルコが日本人を救ってくれたのかわからなかった。

読解のカギ

② **It announced, "Forty-eight hours from now, we will shoot down any airplanes flying over Iran."**
(any airplanes: 名詞 ← flying over Iran: 現在分詞)

➡ It は①の Iraq を指す。
➡ shoot down 〜は「〜を撃墜する」という意味。
➡ flying は「飛んでいる」という意味を表す現在分詞。over Iran を伴って直前の名詞 any airplanes を後ろから修飾している。

③ **Foreign people in Iran began to return home in a hurry.**
➡ in a hurry は「急いで」という意味。

⑤ **As a result, more than 200 Japanese people were left in Iran.**
➡ as a result は「その結果(として)」という意味。

Q1. ＿＿を埋めなさい。

彼は一生懸命に勉強した。その結果，試験に合格した。
He studied hard. ＿＿＿＿＿ a ＿＿＿＿＿, he passed the exam.

⑧ **They were able to fly out of Iran just in time.**
➡ They は⑤の more than 200 Japanese people を指す。
➡ in time は「間に合って」という意味。

⑨ **The next day, the Japanese media took up the rescue as their headline news.**
➡ take up 〜は「〜を(話題として)取り上げる」という意味。took は take の過去形。

⑩ **But they did not know why Turkey saved the Japanese.**
(they: S　know: V　why Turkey saved the Japanese: O(間接疑問文))

➡ why で始まる疑問文が，〈S＋V＋O〉の文の中で目的語(O)になっている。間接疑問文は〈why＋S'＋V'〉の平叙文の語順になる。Turkey が S'，saved が V'である。

読解のカギ Q の解答 **Q1.** As, result

PART 2

ポイント 大きな台風の間に大島で何が起きたのでしょうか。

① On September 16, / 1890, / a big typhoon hit Oshima Island, / Wakayama. //
9月16日 / 1890年 / 大きな台風が大島を襲った / 和歌山県の //

② During the night, / a big man covered with blood / rushed into the lighthouse
その晩 / 血にまみれた大男が / 灯台守たちの部屋に駆け込んで

keepers' room. // ③ It was clear / that he was not Japanese. // ④ The keepers soon
来た // 明らかだった / 彼が日本人でないことは // 灯台守たちはすぐに

understood / that an accident had happened at sea. // ⑤ "Whose ship are you on?" /
わかった / 海で事故が起きたのだと // あなたはだれの船に乗っているのか /

they asked. // ⑥ But they couldn't make themselves understood / in Japanese. //
彼らは尋ねた // しかし彼らは自分の言うことを理解してもらうことができなかった / 日本語で //

⑦ The keepers took out a book of national flags. // ⑧ They saw the man point his
灯台守たちは国旗の本を取り出した // 彼らはその男が指さすのを

finger / at the Turkish flag. // ⑨ Then, / with gestures, / the man told the keepers / that
見た / トルコの旗に // それから / 身ぶりで / その男は灯台守たちに伝えた / 船が

the ship had sunk. // ⑩ He added / that all the crew had been thrown / into the sea. //
沈没したのだと // 彼は付け加えた / すべての乗組員が投げ出されたことを / 海の中へ //

⑪ The villagers rushed to the place / where the accident had happened. //
村人たちは場所に駆けつけた / 事故の起きた //

⑫ They carried the large Turkish men / on their shoulders. // ⑬ Then, / the villagers
彼らは大柄なトルコ人の男たちを運んだ / 肩にかついで // それから / 村人たちは

took their clothes off / and, / with their bodies, / warmed the Turkish men. //
服を脱いだ / そして / 自らの体で / トルコ人の男たちを温めた //

単語・熟語チェック

- □ **rush** 動 急いで行く，急ぐ
- □ **rush into ～** 熟 ～に駆け込む
- □ **lighthouse** 名 灯台
- □ **keeper** 名 監視員，管理者
- □ **understand** 動 ～を理解する
- □ **understood** 動 understandの過去形・過去分詞
- □ **make *oneself* understood** 熟 自分の言うことを理解してもらう
- □ **take out ～** 熟 ～を取り出す
- □ **national** 形 国家の
- □ **flag** 名 旗
- □ **point** 動 ～を向ける
- □ **point *A* at *B*** 熟 *A*を*B*に向ける
- □ **sink** 動 沈む
- □ **sunk** 動 sinkの過去分詞
- □ **sank** 動 sinkの過去形
- □ **add** 動 付け加える
- □ **crew** 名 (船の)乗組員
- □ **throw** 動 ～を投げる
- □ **thrown** 動 throwの過去分詞
- □ **had been thrown** 熟 放り出された
- □ **villager** 名 村人
- □ **rush to ～** 熟 ～に駆けつける
- □ **carry ～ on *one's* shoulder** 熟 ～を肩にかついで運ぶ
- □ **take ～ off** 熟 ～を脱ぐ
- □ **warm** 動 ～を暖める

Check Up! ヒント

1. What hit Oshima Island on September 16, 1890?
(1890年，9月16日，何が大島を襲いましたか。) →本文①

2. Who rushed into the lighthouse keepers' room?
(だれが灯台守たちの部屋に駆け込んで来ましたか。) →本文②

3. Where did the villagers rush to? (村人たちはどこに駆けつけましたか。) →本文⑪

Sum Up! ヒント

1890年，9月16日，大きな(　　)が和歌山県の大島を襲った。トルコの船が(　　)，乗組員の一人が(　　)守たちの部屋に助けを求めて駆け込んで来た。村人たちは事故の(　　)場所に駆けつけた。それから，彼らはトルコ人の男たちのためにできることをすべてやった。

読解のカギ

② **During the night, a big man covered with blood rushed into the lighthouse keepers' room.**
(a big man: 名詞 ← covered with blood: 過去分詞)

➡ covered は「覆われた」という意味を表す過去分詞。with blood を伴って直前の名詞 a big man を後ろから修飾している。

➡ rush into ～は「～に駆け込む」という意味。

⑥ **But they couldn't make themselves understood in Japanese.**

➡ make *oneself* understood は「自分の言うことを理解してもらう」という意味。

⑦ **The keepers took out a book of national flags.**

➡ take out ～は「～を取り出す」という意味。took は take の過去形。

⑧ **They saw the man point his finger at the Turkish flag.**
(the man: O　point his finger at the Turkish flag: 動詞の原形)

➡ saw は知覚動詞 see の過去形。〈see＋O＋動詞の原形〉で「Oが～するのを見る」という意味。Oにくる the man が，動詞の原形 point の意味上の主語となる。

➡ point *A* at *B* は「*A* を *B* に向ける」という意味。

⑪ **The villagers rushed to the place where the accident had happened.**
(the place: 先行詞(場所) ← where the accident had happened: 関係副詞)

➡ where ... happened は，〈場所〉を表す先行詞 the place を修飾する関係副詞節。

➡ rush to ～は「～に駆けつける」という意味。

⑫ **They carried the large Turkish men on their shoulders.**

➡ carry ～ on *one's* shoulder は「～を肩にかついで運ぶ」という意味。

⑬ **Then, the villagers took their clothes off and, with their bodies, warmed the Turkish men.**

➡ take ～ off は「～を脱ぐ」という意味。took は take の過去形。

PART 3

ポイント トルコ人の乗組員たちを助けるために村人たちは何をしたのでしょうか。

① The name of the Turkish ship / was "the Ertugrul." // ② The terrible accident
トルコの船の名前は / 「エルトゥールル号」だった // その恐ろしい事故は
happened / on the way from Yokohama to Kobe. // ③ There were over 600 crew
起きた / 横浜から神戸へ行く途中で // 600人を超える乗組員が
members / on board. // ④ But only 69 people were saved / by the villagers. //
いた / 乗船して // しかし，たった69名だけが救出された / 村人たちによって //
⑤ The villagers were poor / and did not have enough food to eat. // ⑥ However, /
村人たちは貧しく / 食べるのに十分な食料もなかった // しかし /
they offered precious rice / and sweet potatoes / to the Turkish men. //
彼らは貴重な米を差し出した / そしてサツマイモを / トルコ人の男たちに //
⑦ Even the women and children / gave their own clothes to the poor men. //
女性や子どもでさえも / 気の毒な男たちに自分の服を与えた //
⑧ The Turkish men thought, / "If the villagers were not so kind, / we would not be
トルコ人の男たちは考えた / もし村人たちがこんなにも親切でなければ / 私たちは今生きていない
alive now." // ⑨ They thanked the villagers / with all their hearts. // ⑩ Moreover, /
だろうと // 彼らは村人たちに感謝した / 心から // さらに /
they never forgot / what the villagers had done for them. //
彼らは決して忘れなかった / 村人たちが彼らのためにしてくれたことを //

単語・熟語チェック

- □ **terrible** 形 恐ろしい，ひどい
- □ **on the way from *A* to *B*** 熟 *A*から*B*へ行く途中で
- □ **on board** 熟 乗船して
- □ **enough *A* to *do*** 熟 ～するのに十分な*A*
- □ **sweet potato** 名 サツマイモ
- □ **alive** 形 生きて
- □ **heart** 名 心
- □ **with all *one's* heart** 熟 心から

Check Up! ヒント

1. When did the accident happen to the Ertugrul?
（エルトゥールル号の事故はいつ起きましたか。） →本文②

2. What did the villagers offer to the Turkish men?
（村人たちは何をトルコ人の男たちに差し出しましたか。） →本文⑥

3. What didn't the Turkish men forget?
（トルコ人の男たちは何を忘れませんでしたか。） →本文⑩

Sum Up! ヒント

エルトゥールル号のたった69名だけが村人たちによって(　　)された。村人たちは食料や(　　)を彼らに(　　)。乗組員たちは，「もし村人たちがこんなにも親切でなければ，私たちは今(　　)いないだろう。」と考えた。彼らは，村人たちが彼らのためにしてくれ

た(　　)を忘れなかった。

読解のカギ

② **The terrible accident happened on the way from Yokohama to Kobe.**

➡ on the way from *A* to *B* は「*A* から *B* へ行く途中で」という意味。

Q1. 並べかえなさい。

私は家から学校へ行く途中で彼に会った。

(to / met / the / from / I / school / on / way / him / home).

____.

③ **There were over 600 crew members on board.**

➡ crew は「(船の)乗組員」の集合体を指す。個々の構成員は crew member と言う。

➡ on board は「乗船して」という意味。

⑤ **The villagers were poor and did not have enough food to eat.**

➡ enough *A* to *do* は「～するのに十分な *A*」という意味。

Q2. ____ を埋めなさい。

私はその DVD を買うのに十分なお金を持っていなかった。

I didn't have ____________ money ____________ ____________ the DVD.

⑧ **The Turkish men thought, "If the villagers were not so kind, we would not be alive now."**

if 節(If + S' +動詞の過去形)　主節(S + would +動詞の原形)

➡ If the villagers were not so kind は〈If + S' + 動詞の過去形〉の形で，現在の事実と違うことを表す仮定法過去。主節の we would not be alive now は〈S + would + 動詞の原形〉の形。「もし(今)S'が～ならば，S は…だろうに」という意味。

Q3. 日本語にしなさい。

If she helped me, I could finish my homework.

(　　　　　　　　　　　　　　　　　　　　　　　　　　)

⑨ **They thanked the villagers with all their hearts.**

➡ They は⑧の The Turkish men を指す。

➡ with all *one's* heart は「心から」という意味。

⑩ **Moreover, they never forgot what the villagers had done for them.**

O(what + S' + V')

➡ they は⑧の The Turkish men を指す。

➡ what は関係代名詞。what が導く節が動詞 forgot の目的語になっている。〈what + S' + V'〉で「S'が V'するもの[こと]」という意味。

読解のカギ Q の解答　**Q1.** I met him on the way from home to school(.)　**Q2.** enough, to buy
Q3. もし彼女が私を助けてくれれば，私は宿題を終えることができるのに。

PART 4

ポイント トルコの人々が日本人に強い友情を抱いているのはなぜでしょうか。

① On September 20, / a German ship arrived at Oshima / to take the Turkish
9月20日 / ドイツの船が大島に到着した / トルコ人の男たちを神戸へ連れて

men to Kobe. // ② The time had come / when they had to leave Oshima. // ③ They
行くために // 時間がやって来ていた / 彼らが大島を離れなければならない // 彼らは

were seen off / by the villagers / who had taken care of them / for three days. //
見送られた / 村人たちによって / 彼らの世話をしていた / 3日間 //

④ "Get home safely." //
無事に帰れ //

⑤ "Good-bye." //
さようなら //

⑥ All the crew on the deck / waved good-bye to the villagers. //
デッキの上のすべての乗組員が / 村人たちに手を振って別れを告げた //

⑦ On October 11, / 1890, / the 69 Turkish men / left Kobe for Turkey / on two
10月11日 / 1890年 / 69名のトルコ人の男たちは / トルコに向けて神戸を出発した / 2隻の

Japanese ships. // ⑧ They arrived safely in Turkey / on January 2, / 1891. // ⑨ A lot of
日本の船に乗って // 彼らは無事にトルコに到着した / 1月2日に / 1891年 // 多くの

Japanese people / learned about the accident / through the newspapers. // ⑩ Feeling
日本人は / 事故のことを知った / 新聞を通して // 亡くなった

sorry for the dead crew members, / they sent money / to their families in Turkey. //
乗組員たちを気の毒に思い / 彼らはお金を送った / トルコにいる彼らの家族に //

⑪ The Ertugrul story has been passed on / for generations / in Turkey. //
エルトゥールル号の話は伝えられている / 何世代にも渡って / トルコで //

⑫ So, / the Turkish keep a strong friendship / with the Japanese / over time. //
そのため / トルコ人は強い友情を持ち続けている / 日本人との / 時を超えて //

⑬ That is why / they helped the Japanese people / in the Iran-Iraq War. //
そういうわけで / 彼らは日本人を助けた / イラン・イラク戦争で //

単語・熟語チェック

- □ **German** 形 ドイツの
- □ **see ~ off** 熟 ~を見送る
- □ **take care of ~** 熟 ~の世話をする
- □ **safely** 副 無事に，安全に
- □ **deck** 名 デッキ
- □ **wave** 動 ~に手を振る
- □ **wave good-bye to ~** 熟 ~に手を振って別れを告げる
- □ **learn about ~** 熟 ~について知る
- □ **feel sorry for ~** 熟 ~を気の毒に思う
- □ **dead** 形 死んでいる
- □ **pass on ~** 熟 ~を伝える
- □ **generation** 名 世代
- □ **for generations** 熟 何世代にも渡って
- □ **over time** 熟 時を超えて
- □ **That is why ~** 熟 そういうわけで~

Check Up! ヒント

1. When did the Turkish men arrive in Turkey?
（トルコ人の男たちはいつトルコに到着しましたか。）　→本文⑧

2. What did the Japanese people who learned about the accident do for the Turkish men?
（事故について知った日本人はトルコ人の男たちのために何をしましたか。）　→本文⑩

3. Why did the Turkish help the Japanese people in the Iran-Iraq War?
（トルコ人はなぜイラン・イラク戦争で日本人を助けましたか。）　→本文⑫

Sum Up! ヒント

9月20日，トルコ人の男たちは神戸に向けて大島を(　　)。彼らは村人たちによって(　　)られた。彼らは3か月後に(　　)本国に到着した。エルトゥールル号の話はトルコで(　　)にも渡って伝えられている。そのため，トルコ人は時を超えて日本人との強い(　　)を持ち続けている。

読解のカギ

① **On September 20, a German ship arrived at Oshima to take the Turkish men to Kobe.**

➡ to take は「～するために」という動作の目的を表す副詞的用法の不定詞。take *A* to *B* は「*A* を *B* に連れていく」という意味。

② **The time had come when they had to leave Oshima.**
先行詞(時)　関係副詞

➡ when they had to leave Oshima は，〈時〉を表す先行詞 The time を修飾する関係副詞節。先行詞と関係副詞 when はこのように離して使われることがある。

➡ had come は「(過去のある時点までに)来てしまっていた」という完了を表す過去完了形。come は過去分詞も come になる。

Q1. 日本語にしなさい。

The day will come when we can go into space.

(　　　　　　　　　　　　　　　　　　　　)

③ **They were seen off by the villagers who had taken care of them for three days.**
先行詞(人)　関係代名詞(主格)

➡ They と them は①の the Turkish men を指す。

➡ see ～ off は「～を見送る」という意味。「～」にくる them が主語になり，受け身の形になっている。seen は see の過去分詞。

➡ who had taken care of them for three days は，〈人〉を表す先行詞 the villagers を修飾する関係代名詞節。who は主格の関係代名詞。

➡ take care of ～は「～の世話をする」という意味。had taken care of は「(過去のある時点まで)ずっと世話をしていた」という継続を表す過去完了形。

読解のカギ Qの解答　**Q1.** 私たちが宇宙に行ける日が来るだろう。

⑥ **All the crew on the deck waved good-bye to the villagers.**

➡ wave good-bye to ～は「～に手を振って別れを告げる」という意味。

⑨ **A lot of Japanese people learned about the accident through the newspapers.**

➡ learn about ～は「～について知る」という意味。

⑩ **Feeling sorry for the dead crew members, they sent money to their families in Turkey.**

現在分詞の分詞構文 S V

➡ Feeling sorry for the dead crew members は分詞構文。Feeling という現在分詞が，語句を伴ってコンマのあとの文を修飾している。分詞構文はいろいろな意味を表すが，ここでは「～なので」という〈理由〉を表している。

➡ feel sorry for ～は「～を気の毒に思う」という意味。

➡ they は ⑨ の A lot of Japanese people を，their は 文 の 前 半 の the dead crew members を指す。

Q2. 日本語にしなさい。

Feeling disappointed, I gave up my plan.

(　　　　　　　　　　　　　　　　　　　　)

⑪ **The Ertugrul story has been passed on for generations in Turkey.**

➡ pass on ～は「～を伝える」という意味。has been passed on は「(今まで)ずっと伝えられてきた」という継続を表す現在完了形の受動態。The Ertugrul story という動作を受ける側が主語になっているので，〈have[has] been＋動詞の過去分詞〉という現在完了形の受動態が使われている。

➡ for generations は「何世代にも渡って」という意味。期間を表す語句。

Q3. ＿＿ を埋めなさい。

この歌は何年もの間，子どもたちにずっと愛されてきた。

This song ＿＿＿＿ ＿＿＿＿ ＿＿＿＿ by children for years.

⑫ **So, the Turkish keep a strong friendship with the Japanese over time.**

➡ over time は「時を超えて」という意味。

⑬ **That is why they helped the Japanese people in the Iran-Iraq War.**

関係副詞

➡ That is why ～は「そういうわけで～」という意味。why は関係副詞。先行詞となる the reason が省略された表現。

➡ they は⑫の the Turkish を指す。

Q4. 並べかえなさい。

そういうわけで私は学校に遅れました。

(is / late / I / that / school / why / for / was).

＿＿＿＿＿＿＿＿＿＿＿＿＿＿＿＿＿＿＿＿＿＿＿＿＿＿＿＿.

読解のカギ Q の解答 **Q2.** がっかりして，私は自分の計画をあきらめた。 **Q3.** has been loved
Q4. That is why I was late for school(.)

Finish Up! ヒント

1.「大きな(　　)が大島を襲った。」名詞が入る。
(教 p.160, ℓℓ.1 ~ 3)
2.「トルコの船がその近くで(　　)。」動詞が入る。
(教 p.160, ℓℓ.13 ~ 14)
3.「大男が(　　)守たちの部屋に駆け込んで来た。」名詞が入る。
(教 p.160, ℓℓ.3 ~ 6)
4.「(　　)は 69 名のトルコ人の男たちを救出し，彼らの世話をした。」名詞が入る。
(教 p.162, ℓℓ.4 ~ 5)
5.「(　　)の船がトルコ人の男たちを神戸へ連れて行くために大島に到着した。」形容詞が入る。(教 p.164, ℓℓ.1 ~ 2)
6.「トルコ人の男たちは 2 隻の日本の船に乗ってトルコに向けて日本を(　　)。」動詞が入る。(教 p.164, ℓℓ.10 ~ 11)
7.「トルコ人の男たちは無事にトルコに(　　)。」動詞が入る。(教 p.164, ℓℓ.11 ~ 12)
8.「(　　)はイランの上空を飛行しているどんな航空機も撃墜するだろうと発表した。」名詞が入る。(教 p.158, ℓℓ.2 ~ 4)
9.「(　　)航空がイランに取り残された日本人のための特別席を提供した。」形容詞が入る。(教 p.158, ℓℓ.9 ~ 10)
10.「日本の(　　)はトップニュースとしてその救出を取り上げた。」名詞が入る。
(教 p.158, ℓℓ.12 ~ 13)

OUTPUT ヒント

Listen

Risa

Summary：「私が 1 か月間(　　)とき，友達が私のために(　　)で(　　)し，私に毎日(　　)に来てくれた。」

Daisuke

Summary：「私が誤って教室の(　　)を(　　)とき，友達が(　　)，それを(　　)のを手伝ってくれた。」

Write&Speak

例 I realized the importance of friendship when I lost a tennis match. Many of my friends came to cheer me up. I thought the result disappointed them. But they encouraged me and promised to keep cheering me up. I was very happy to hear that.

Interact

例

Questions:

Do you think to be kind to your friends is the most important in your life?

What did you do for your friends after you realized the importance of friendship?

定期テスト予想問題

解答 ➡ p.159

1 日本語に合うように，____に適切な語を入れなさい。

(1) マイクは急いで家に帰った。
Mike went home ____________ a ____________.

(2) 私はよく練習できなかった。その結果，試合に負けた。
I couldn't practice well. ____________ a ____________, I lost the game.

(3) これらのネコの世話をしてください。
Please ____________ ____________ ____________ these cats.

(4) 私たちは最終電車にちょうど間に合った。
We were just ____________ ____________ for the last train.

2 (　)内の語のうち，適切なものを選びなさい。

(1) How many crew members are (in, on, with) board?

(2) She took her coat (off, out, up) because it was warm in the room.

(3) We saw Tom (around, off, over) at the airport when he left Japan.

3 日本語に合うように，(　)内の語を並べかえなさい。

(1) 私はあなたが私にしてくれたことを決して忘れません。
(me / never / you / done / I'll / what / have / for / forget).
____.

(2) 彼らは十分な飲み水を持ってこなかった。
(bring / drink / to / they / water / didn't / enough).
____.

(3) 私たちは彼女が住んでいた家を訪れた。
(lived / the / had / where / we / she / visited / house).
____.

(4) もし私があなたなら，こんな車を買わないだろうに。
If (would / I / a / buy / I / were / car / not / such / you / ,).
If ____.

4 次の英語を日本語に訳しなさい。

(1) The time has come when I must say good-bye to you.
____

(2) We saw him shoot a flying bird.
____

(3) That is why I thank her with all my heart.
____

5 次の英文を読んで，あとの問いに答えなさい。

On September 16, 1890, a big typhoon ①(hit) Oshima Island, Wakayama. During the night, a big man ②(cover) with blood rushed into the lighthouse keepers' room. ③(　　) was clear (　　) he was not Japanese. The keepers soon understood that an accident had happened at sea. "Whose ship are you on?" they asked. But ④they couldn't make themselves understood in Japanese.

(1) 下線部①②の(　)内の語を必要に応じて適切な形に書きかえなさい。

①＿＿＿＿＿＿　②＿＿＿＿＿＿

(2) 下線部③が「彼が日本人でないことは明らかだった。」という意味になるように，(　)に適切な語を入れなさい。

＿＿＿＿＿＿ was clear ＿＿＿＿＿＿ he was not Japanese.

(3) 下線部④の英語を日本語に訳しなさい。

(　　　　　　　　　　　　　　　　　　　　　　　　　　　　)

(4) 次の質問に英語で答えなさい。

What did the lighthouse keepers understand when they saw a big man?

＿＿＿＿＿＿＿＿＿＿＿＿＿＿＿＿＿＿＿＿＿＿＿＿＿＿＿＿

6 次の英文を読んで，あとの問いに答えなさい。

On October 11, 1890, the 69 Turkish men left Kobe for Turkey on two Japanese ships. ①They arrived safely in Turkey on January 2, 1891. A lot of Japanese people learned about the accident through the newspapers. ②Feeling sorry for the dead crew members, they sent money to their families in Turkey.

③The Ertugrul story (passed / for / has / on / generations / been) in Turkey. So, the Turkish keep a strong friendship with the Japanese ④(　　) (　　).

(1) 下線部①の They は何を指しているか，4語の英語で答えなさい。

＿＿＿＿＿＿ ＿＿＿＿＿＿ ＿＿＿＿＿＿ ＿＿＿＿＿＿

(2) 下線部②の英語を they が指すものを明らかにして日本語に訳しなさい。

(　　　　　　　　　　　　　　　　　　　　　　　　　　　　)

(3) 下線部③が「エルトゥールル号の話はトルコで何世代にも渡って伝えられている。」という意味になるように，(　)内の語を並べかえなさい。

＿＿＿＿＿＿＿＿＿＿＿＿＿＿＿＿＿＿＿＿＿＿＿＿＿＿＿＿

(4) 下線部④が「時を超えて」という意味になるように，(　)に適切な語を入れなさい。

＿＿＿＿＿＿ ＿＿＿＿＿＿

Reading One Autumn Date

Daisuke Ikenoue, *One Autumn Date*

教科書 p.173

① When Ayuko was a high school student / in Japan, / she decided to study abroad /
アユコは高校生だったとき / 日本で / 彼女は留学することに決めた /

in the US. // ② Since she was very outgoing and adventurous, / she wanted to get
アメリカに // 彼女はとても社交的で冒険好きだったので / 彼女は自分の国から

out of her country / and see the big wide world. // ③ Although her parents were
出たかった / そして大きくて広い世界を見たかった // 彼女の両親は彼女の考えに

against her idea / of studying in the US, / they were unable to stop Ayuko from going. //
反対したが / アメリカで勉強するという / 彼らはアユコが行くのをやめさせることができなかった //

④ She had been studying English hard / for five years / before she left Japan. //
彼女はずっと英語を一生懸命勉強していた / 5年間 / 日本を出発する前に //

⑤ On a beautiful sunny day / in May, / she left Japan for Boston, / Massachusetts. //
ある美しく晴れた日に / 5月の / 彼女はボストンに向けて日本を出発した / マサチューセッツ州 //

⑥ Her first week in America / was so exciting. // ⑦ Her English wasn't good
彼女のアメリカでの最初の週は / とてもわくわくするものだった // 彼女の英語は十分なほど上手では

enough / to communicate with people easily, / but she did her best / to speak to
なかった / 人々と簡単に意思疎通をするのに / しかし彼女は最善をつくした / 学生たちに

the students / she met on campus. // ⑧ She met many students / who were from all
話しかけるのに / キャンパスで会った // 彼女はたくさんの学生たちに会った / 世界中から

over the world: / from countries like Morocco, / the Dominican Republic, / Denmark, /
やって来た / モロッコのような国々から / ドミニカ共和国 / デンマーク /

Jordan, / and so on. // ⑨ And she found / everyone interesting / because they had very
ヨルダン / などの // そして彼女はわかった / だれもがみな興味深いことが / 彼らは非常に

different cultural backgrounds / from hers. // ⑩ She was also surprised / that they
異なる文化的な背景を持っているので / 彼女とは // 彼女はまた驚いた / 彼らは

were very good at English. //
英語がとても上手だということに //

単語・熟語チェック

- □ **autumn** 名 秋
- □ **decide to *do*** 熟 ～することに決める
- □ **study abroad** 熟 留学する
- □ **outgoing** 形 社交的な
- □ **adventurous** 形 冒険好きな
- □ **get out of ～** 熟 ～から(外に)出る
- □ **although** 接 けれども
- □ **unable** 形 ～できない
- □ **be unable to *do*** 熟 ～することができない
- □ **stop *A* from *doing*** 熟 *A*が～するのをやめさせる
- □ **had been *doing*** 熟 (ずっと)～していた
- □ **Boston** 名 ボストン
- □ **Massachusetts** 名 マサチューセッツ州

□ **do *one's* best to *do***
熟 ～するのに最善をつくす
□ **campus** 名 (大学の)キャンパス
□ **Morocco** 名 モロッコ
□ **the Dominican Republic**
名 ドミニカ共和国
□ **Denmark** 名 デンマーク
□ **Jordan** 名 ヨルダン
□ **and so on** 熟 ～など
□ **cultural** 形 文化的な

読解のカギ

① **When Ayuko was a high school student in Japan, she decided to study abroad in the US.**
➡ decide to *do* は「～することに決める」という意味。
➡ study abroad は「留学する」という意味。

② **Since she was very outgoing and adventurous, she wanted to get out of her country and see the big wide world.**
➡ get out of ～は「～から(外に)出る」という意味。

③ **Although her parents were against her idea of studying in the US, they were unable to stop Ayuko from going.**
➡ be unable to *do* は「～することができない」という意味。
➡ stop *A* from *do*ing は「*A* が～するのをやめさせる」という意味。

⑦ **Her English wasn't good enough to communicate with people easily, but she did her best to speak to the students she met on campus.**
➡ 〈形容詞[副詞]＋enough to *do*〉は「～するのに十分なほど…」という意味。
➡ do *one's* best to *do* は「～するのに最善をつくす」という意味。
➡ she met on campus は，the students を修飾する節。she の前に目的格の関係代名詞 who(m)[that]が省略されている。

⑧ **She met many students who were from all over the world: from countries like Morocco, the Dominican Republic, Denmark, Jordan, and so on.**
先行詞(人) 関係代名詞(主格)
➡ who were from all over the world は，〈人〉を表す先行詞 many students を修飾する関係代名詞節。who は主格の関係代名詞。

⑨ **And she found everyone interesting because they had very different cultural backgrounds from hers.**
V O C
➡ 〈find＋O＋C〉は「O が C だとわかる」という意味。found は find の過去形。
➡ different *A* from ～は「～とは異なる *A*」という意味。

⑩ **She was also surprised that they were very good at English.**
➡ 〈be surprised that＋S'＋V'〉は「S'が V'であることに驚く」という意味。

教科書 p.174, ℓℓ.1～15

① In her second week, / she met a boy / at the library. // ② His name was Tony /
2週目に / 彼女はある青年に出会った / 図書館で // 彼の名前はトニーだった /

and he was from Malaysia. // ③ When Ayuko had to do a research paper, / she went
そして彼はマレーシア出身だった // アユコが研究論文を書かなければならなかったとき / 彼女は

to the school library / for the first time. // ④ She decided to use a library computer /
学校の図書館に行った / 初めて // 彼女は図書館のコンピューターを使うことに決めた /

to find a book / for her assignment. // ⑤ However, / she didn't even know /
本を見つけるために / 彼女の宿題のための // しかし / 彼女は～さえ知らなかった /

how to turn on the computer. // ⑥ To her surprise, / Tony appeared from nowhere. //
コンピューターのスイッチの入れ方 // 彼女が驚いたことには / トニーがどこからともなく現れた //

⑦ He then found / where the book was, / took her to the shelf, / gave the book to her, /
彼はそれから見つけた / その本がどこにあるのかを / 彼女をその本棚まで連れて行った / その本を彼女に渡した /

and went away / without saying anything. // ⑧ After that, / Ayuko often tried to look
そして立ち去った / 何も言わずに // その後 / アユコはたびたびトニーを

for Tony / and to talk to him. // ⑨ Tony was a shy boy / so he didn't talk much, /
探そうとした / そして彼に話しかけようとした // トニーは内気な青年だった / だからあまり話さなかった /

but Ayuko liked to spend time with him / anyway. // ⑩ That's because / she knew /
しかしアユコは彼といっしょに時間を過ごすのが好きだった / とにかく // それはなぜなら～からだ / 彼女はわかっていた /

he was a kind guy. //
彼が優しい男の人だと //

単語・熟語チェック

□ **research**	名 研究	□ **shelf**	名 棚
□ **assignment**	名 宿題	□ **go away**	熟 立ち去る
□ **turn on ～**	熟 ～のスイッチを入れる	□ **shy**	形 内気な
□ **to *one's* surprise**	熟 ～が驚いたことには	□ **spend**	動 (時間)を過ごす
□ **nowhere**	名 名もない場所	□ **anyway**	副 とにかく
□ **from nowhere**	熟 どこからともなく	□ **guy**	名 男の人

読解のカギ

④ **She decided to use a library computer to find a book for her assignment.**

➡ decide to *do* は「～することに決める」という意味。

➡ to find は「見つけるために」という〈目的〉を表す副詞的用法の不定詞。

Q1. 並べかえなさい。

私は昼食にすしを食べることに決めた。

(decided / lunch / eat / I / for / to / sushi).

____.

読解のカギ Qの解答 **Q1.** I decided to eat sushi for lunch(.)

⑤ **However, she didn't even know how to turn on the computer.**

➡ how to *do* は「〜のし方」という意味。

➡ turn on 〜は「〜のスイッチを入れる」という意味。

Q2. 日本語にしなさい。

Do you know how to use this camera?

(　　　　　　　　　　　　　　　　　　　　　　　　　　　　)

⑥ **To her surprise, Tony appeared from nowhere.**

➡ to *one's* surprise は「〜が驚いたことには」という意味。

➡ from nowhere は「どこからともなく」という意味。

Q3. ＿＿ を埋めなさい。

私が驚いたことに，彼女はとても上手にピアノを弾いた。

________ ________ ________, she played the piano very well.

⑦ **He then found where the book was, took her to the shelf, gave the book to her, and went away without saying anything.**

(He = S　found = V　where the book was = O(間接疑問文))

➡ where で始まる疑問文が，〈S＋V＋O〉の文の中で目的語(O)になっている。間接疑問文は〈where＋S'＋V'〉の平叙文の語順になる。the book が S'，was が V'である。

➡ go away は「立ち去る」という意味。went は go の過去形。

➡ saying は「言うこと」という意味を表す動名詞。anything を伴って前置詞 without の目的語になっている。without *do*ing で「〜することなしに」という意味。

Q4. 並べかえなさい。

私たちはその男の子がどこにいるか見つけた。

(boy / where / we / was / found / the).

________________________________.

⑧ **After that, Ayuko often tried to look for Tony and to talk to him.**

➡ try to *do* は「〜しようとする」という意味。to look と to talk という 2 つの不定詞が try の目的語になっている。

➡ look for 〜は「〜を探す」という意味。

⑨ **Tony was a shy boy so he didn't talk much, but Ayuko liked to spend time with him anyway.**

➡ like to *do* は「〜することが好きだ」という意味。

⑩ **That's because she knew he was a kind guy.**

➡ That's because 〜は「それはなぜなら〜からだ」という意味。⑨の後半の Ayuko liked to spend time with him anyway の理由を示している。

読解のカギ Qの解答　**Q2.** あなたはこのカメラの使い方を知っていますか。　**Q3.** To my surprise
Q4. We found where the boy was(.)

教科書 pp.174, ℓ.16 ~ 175, ℓ.10

① Soon after the summer vacation was over, / Ayuko and Tony became a couple. //
夏休みが終わったすぐあとに / アユコとトニーはカップルになった //

② But their relationship didn't seem to become closer. // ③ Unlike a typical
しかし彼らの関係は親密になっているように思われなかった // 典型的なアメリカ人の

American couple / on campus, / Tony didn't hold her hand / when they walked. //
カップルとは違って / キャンパスにいる / トニーは彼女の手を握らなかった / 彼らが歩いているとき //

④ "Does he really love me? // ⑤ Or are we just friends?" // ⑥ Ayuko would often ask
彼は本当に私のことを好きなのか // それとも私たちはただの友だちなのか // アユコはたびたび自分自身に

herself. //
問いかけたものだった //

⑦ In the beginning of November, / however, / Tony suddenly asked Ayuko out for
11月の初めに / しかし / トニーは突然アユコをドライブに

a drive / to Maine. // ⑧ It takes about four hours / to drive there from their college. //
誘った / メイン州への // 約4時間かかる / 彼らの大学からそこへドライブするのに //

⑨ In autumn, / it is covered with beautiful colored leaves: / yellow, / red, / and
秋には / そこは美しい紅葉で覆われる / 黄色 / 赤 / そして

orange. // ⑩ Every year during this season, / many tourists from all over the world /
オレンジ // 毎年この季節の間 / 世界中の多くの観光客が /

come to see this wonderful view. //
このすばらしい景色を見にやって来る //

⑪ Ayuko was so excited. // ⑫ Of course, / they had been to the malls, / museums, /
アユコはとても興奮した // もちろん / 彼らはショッピングセンターに行ったことはあった / 美術館に /

and movies, / but all the dates had been arranged / by Ayuko. // ⑬ It was the first
そして映画に / しかしすべてのデートは手配されたものだった / アユコによって // 初めて

time / that Tony had asked her for a date. // ⑭ She bought a new pair of boots /
だった / トニーが彼女をデートに誘ったのは // 彼女は一足の新しいブーツを買った /

and a pretty-looking coat. //
そしてかわいく見えるコートを //

単語・熟語チェック

- □ **be over** 熟 終わる
- □ **couple** 名 カップル
- □ **relationship** 名 関係
- □ **typical** 形 典型的な
- □ **suddenly** 副 突然
- □ **ask ~ out for a drive** 熟 ~をドライブに誘う
- □ **Maine** 名 メイン州
- □ **college** 名 大学
- □ **leaf** 名 (木・草の)葉
- □ **leaves** 名 leafの複数形
- □ **view** 名 景色，眺め
- □ **mall** 名 ショッピングセンター
- □ **arrange** 動 ~を手配する
- □ **boot** 名 ブーツ
- □ **pretty-looking** 形 かわいく見える

読解のカギ

① **Soon after the summer vacation was over, Ayuko and Tony became a couple.**

➡ be over は「終わる」という意味。

② **But their relationship didn't seem to become closer.**

➡ 〈S + seemed + to 不定詞〉で「S は～する[である]ようだった」という意味。否定文なので「S は～する[である]ようではなかった」となる。their relationship 以下は it didn't seem that their relationship became closer と書きかえることもできる。

Q1. 並べかえなさい。

彼らはお腹をすかせているようだった。(hungry / seemed / be / they / to).

____.

⑥ **Ayuko would often ask herself.**

➡ would often *do* は「たびたび～したものだった」という過去の習慣を表す。

➡ ask *oneself* は「自分自身に問いかける」という意味。

Q2. 日本語にしなさい。

We would often swim in this river.

(　　　　　　　　　　　　　　　　　　　　)

⑦ **In the beginning of November, however, Tony suddenly asked Ayuko out for a drive to Maine.**

➡ in the beginning of ～は「～の初めに」という意味。

➡ ask ～ out for a drive は「～をドライブに誘う」という意味。

⑧ **It takes about four hours to drive there from their college.**

➡ 〈It takes + 時間 + to *do*〉は「～するのに時間がかかる」という意味。

Q3. ____ を埋めなさい。

病院まで歩いて 20 分かかる。

It __________ twenty minutes __________ walk to the hospital.

⑫ **Of course, they had been to the malls, museums, and movies, but all the dates had been arranged by Ayuko.**

➡ had been to は「(過去のある時点までに)行ったことがあった」という経験を表す過去完了形。

➡ had been arranged は「(過去のある時点までに)手配されてきた」という完了を表す過去完了形の受動態。all the dates という動作を受ける側が主語になっているので,〈had been + 動詞の過去分詞〉という過去完了形の受動態が使われている。

⑬ **It was the first time that Tony had asked her for a date.**

➡ ask ～ for a date は「～をデートに誘う」という意味。

読解のカギ Q の解答　**Q1.** They seemed to be hungry(.)
Q2. 私たちはよくこの川で泳いだものだった。　**Q3.** takes, to

教科書 p.175, ℓℓ.11～19

① Finally the day came. // ② They set off / at 5:00 a.m. // ③ Ayuko was talking
ついにその日が来た // 彼らは出発した / 朝5時に // アユコは一方的に
one-sidedly / on their way to Maine. // ④ Tony was nodding / and smiling. //
話していた / メイン州へ行く途中で // トニーはうなずいていた / そして笑っていた //
⑤ When they got to the top of the hill / around 10:00 a.m., / she was amazed /
彼らが丘の頂上に着いたとき / 朝の10時ごろに / 彼女は驚いた /
to see the beautiful view. // ⑥ It was like a painting. // ⑦ The red, / yellow, /
美しい景色を見て // それは絵画のようだった // 赤 / 黄色 /
and orange colors / were dancing on a green carpet / under the blue sky. //
そしてオレンジ色が / 緑色のカーペットの上で踊っていた / 青い空の下 //
⑧ They put a blanket on the ground / and ate sandwiches and rice balls /
彼らは地面に毛布を敷いた / そしてサンドウィッチとおにぎりを食べた /
that Ayuko had made. // ⑨ Tony brought hot chocolate / in a thermos bottle. //
アユコが作った // トニーはホットチョコレートを持ってきた / 魔法びんに入れて //

単語・熟語チェック

- □ **set off** 熟 出発する
- □ **one-sidedly** 副 一方的に
- □ **on *one's* way to ～** 熟 ～へ行く途中で
- □ **nod** 動 うなずく
- □ **hill** 名 丘
- □ **amaze** 動 ～を驚かせる
- □ **be amazed to *do*** 熟 ～して驚く
- □ **painting** 名 絵画
- □ **blanket** 名 毛布
- □ **hot chocolate** 名 ホットチョコレート
- □ **thermos** 名 サーモス（魔法びんの商品名）
- □ **thermos bottle** 名 魔法びん

読解のカギ

① **Finally the day came.**

➡ the day「その日」とは，Ayuko と Tony のデートの当日のことを指す。

② **They set off at 5:00 a.m.**

➡ set off は「出発する」という意味。旅などに出かけるときに使う。set は過去形も set となる。

③ **Ayuko was talking one-sidedly on their way to Maine.**

➡ on *one's* way to ～は「～へ行く途中で」という意味。

Q1. 並べかえなさい。

彼女は公園へ行く途中で雑誌を買った。
(to / a magazine / her / bought / way / she / the park / on).

______________________________.

読解のカギ Qの解答 **Q1.** She bought a magazine on her way to the park(.)

④ **Tony was nodding and smiling.**

➡ was nodding と (was) smiling はどちらも過去進行形。

⑤ **When they got to the top of the hill around 10:00 a.m., she was amazed to see the beautiful view.**

➡ get to ～は「～に着く」という意味。got は get の過去形。

➡ the top of ～は「～の頂上」という意味。

➡ be amazed to *do* は「～して驚く」という意味。

Q2. 日本語にしなさい。

We were amazed to listen to his wonderful song.

( )

⑥ **It was like a painting.**

➡ It は⑤の the beautiful view を指す。

⑦ **The red, yellow, and orange colors were dancing on a green carpet under the blue sky.**

➡ The red, yellow, and orange colors はさまざまに色づいた紅葉の色を表している。

⑧ **They put a blanket on the ground and ate sandwiches and rice balls that Ayuko had made.**

先行詞(物) 関係代名詞(目的格)

➡ put は過去形も put となる。

➡ that Ayuko had made は，〈物〉を表す先行詞 sandwiches and rice balls を修飾する関係代名詞節。that は目的格の関係代名詞。

➡ ate は eat の過去形。had made は〈had＋動詞の過去分詞〉の過去完了形。「食べた」時点より以前に「作った」ことを表す。

Q3. 並べかえなさい。

あなたは私が送った手紙を持っていますか。

(that / you / sent / do / I / the letter / have)?

____?

Q4. ____ を埋めなさい。

トムは私に，自分が窓を割ったと言った。

Tom told me that he ________ ________ the window.

⑨ **Tony brought hot chocolate in a thermos bottle.**

➡ brought は bring の過去形。

読解のカギ Q の解答 **Q2.** 私たちは彼のすばらしい歌を聞いて驚いた。
Q3. Do you have the letter that I sent(?) **Q4.** had broken

教科書 p.177, ℓℓ.1～12

① They were talking happily / for the first thirty minutes. // ② Then they became silent / for a while. // ③ Ayuko expected / something romantic would happen. //
彼らは幸せそうに話していた / 最初の30分間 // それから彼らは沈黙した / 少しの間 // アユコは思った / 何かロマンチックなことが起こるだろうと //

④ Tony was the one / who broke the silence. // ⑤ He said, / "A-yu-ko?" //
トニーが人だった / その沈黙を破った // 彼は言った / ア・ユ・コ？ //

⑥ Ayuko thought / that Tony would kiss her. // ⑦ She was both excited and nervous / as she answered, / "Yes, / Tony?" //
アユコは思った / トニーが彼女にキスをするだろうと // 彼女は興奮して緊張していた / 彼女が答えたとき / はい / トニー？ //

⑧ To her surprise, / he took off his duffle coat / and put it on her. //
彼女が驚いたことには / 彼は自分のダッフルコートを脱いだ / そしてそれを彼女に着せた //

⑨ Ayuko had no choice but to say, / "Thank you, / Tony." //
アユコは言わざるをえなかった / ありがとう / トニー //

⑩ Then silence came again. //
それから沈黙が再び訪れた //

⑪ Another few minutes passed. // ⑫ Ayuko thought about saying something, / but she didn't. // ⑬ She didn't want to break the romantic mood / between them. //
さらに数分が経った // アユコは何か言おうかと考えた / しかし彼女はそうしなかった // 彼女はロマンチックな気分を壊したくなかった / 彼らの間の //

単語・熟語チェック

- □ **silent** 形 沈黙した，無言の
- □ **for a while** 熟 少しの間
- □ **expect** 動 ～だろうと思う
- □ **romantic** 形 ロマンチックな
- □ **the one who ～** 熟 ～する人
- □ **silence** 名 沈黙
- □ **kiss** 動 ～にキスをする
- □ **nervous** 形 緊張して
- □ **duffle** 名 ダッフル
- □ **duffle coat** 名 ダッフルコート
- □ **choice** 名 選択の自由[権利]
- □ **have no choice but to *do*** 熟 ～せざるをえない
- □ **think about *do*ing** 熟 ～しようかと考える
- □ **mood** 名 気分

読解のカギ

② **Then they became silent for a while.**

➡ for a while は「少しの間」という意味。

③ **Ayuko expected something romantic would happen.**

➡ 〈expect (that)＋S'＋V'〉は「S'がV'だろうと思う」という意味。expected が過去形なので，時制の一致により V'に would という助動詞の過去形が使われている。

➡ something を修飾する形容詞は1語でも something のあとに置かれる。

④ **Tony was the one who broke the silence.**
先行詞(人)　関係代名詞(主格)

➡ the one who ～は「～する人」という意味。who broke the silence は，〈人〉を表す先行詞 the one を修飾する関係代名詞節。who は主格の関係代名詞。

Q1. 並べかえなさい。

彼女がこの写真をとった人です。
(the one / took / picture / she / who / is / this).

______________________________.

⑤ **He said, "A-yu-ko?"**
➡ トニーの言ったこの"A-yu-ko?"というセリフが，物語のオチにつながる。

⑥ **Ayuko thought that Tony would kiss her.**
➡〈think (that) + S' + V'〉は「S'が V'だと思う[考える]」という意味。thought が過去形なので，時制の一致により V'に would という助動詞の過去形が使われている。

⑦ **She was both excited and nervous as she answered, "Yes, Tony?"**
A　*B*

➡ both *A* and *B* は「*A* も *B* も両方とも」という意味。
➡ as は「～するとき」という意味の〈時〉を表す接続詞。後ろに〈S' + V'〉の文が続く。

⑧ **To her surprise, he took off his duffle coat and put it on her.**
➡ to *one's* surprise は「～が驚いたことには」という意味。
➡ take off ～は「～を脱ぐ」という意味。took は take の過去形。
➡ put *A* on *B* は「*A* を *B* に着せる」という意味。

⑨ **Ayuko had no choice but to say, "Thank you, Tony."**
➡ have no choice but to *do* は「～せざるをえない」という意味。had は have の過去形。

Q2. 日本語にしなさい。

They had no choice but to leave their country.
(　　　　　　　　　　　　　　　　　　　)

⑫ **Ayuko thought about saying something, but she didn't.**
➡ saying は「言うこと」という意味を表す動名詞。something を伴って前置詞 about の目的語になっている。think about *do*ing で「～しようかと考える」という意味。thought は think の過去形。

Q3. 日本語にしなさい。

I thought about studying art in the future.
(　　　　　　　　　　　　　　　　　　　)

読解のカギ Q の解答　**Q1.** She is the one who took this picture(.)
Q2. 彼らは自分たちの国を離れざるをえなかった。　**Q3.** 私は将来，美術を勉強しようかと考えた。

教科書 pp.177, ℓ.13～178

① Then another ten minutes passed, / Tony said again, / "A-yu-ko?" //
それからさらに10分が経った / トニーは再び言った / ア・ユ・コ？と //

② "Here he comes! // ③ Finally he has decided to kiss me!" / she thought. //
ほらきた！ // ついに彼は私にキスすることに決めた！と / 彼女は思った //

④ She looked Tony in the eyes / and said, / "Yes, / Tony?" //
彼女はトニーの目をじっと見た / そして言った / はい / トニー？と //

⑤ "All right." // ⑥ Then he took off his sweater / and put it on her, / saying, / "Maybe you've got a cold." //
わかったよ // それから彼はセーターを脱いだ / そしてそれを彼女に着せた / 言いながら / もしかしたら君はかぜをひいたのかもねと //

⑦ Again, / Ayuko had no choice but to say to him, / "Thank you Tony, / but aren't you cold?" //
再び / アユコは彼に言わざるをえなかった / ありがとうトニー / でもあなたは寒くないの？と //

⑧ "Well, / yeah. // ⑨ What do you think? // ⑩ But if you are cold, / it's my job / to warm you up." / said Tony, / shivering. //
えーと / うん // 君はどう思うだろうか // でももし君が寒いなら / ぼくの仕事だ / 君を暖めるのはと / トニーは言った / 震えながら //

⑪ "That's very kind of you, / but you don't have to do that. // ⑫ I'm not as cold as you are." //
それはどうもご親切に / でもあなたはそんなことをする必要はない // 私はあなたほど寒くない //

⑬ Tony said, / "Why? // ⑭ I asked you twice / and you said / 'Yes'!" //
トニーは言った / どうして？ // ぼくは君に二度尋ねた / そして君は言った / はい //

⑮ She suddenly understood / all the strange behavior of her boyfriend. //
彼女は突然，理解した / 彼女のボーイフレンドの奇妙なふるまいのすべてを //

⑯ He wasn't calling her name; / he was asking her / if she was cold! //
彼は彼女の名前を呼んでいなかった / 彼は彼女に尋ねていた / 彼女が寒いかどうかを //

⑰ Ayuko started laughing. // ⑱ Tony also laughed, / knowing what happened. //
アユコは笑い出した // トニーもまた笑った / 何が起こったのかわかって //

⑲ Ayuko grabbed him, / hugged him tightly, / and said, / "I love you, / Tony." //
アユコは彼をつかんだ / 彼を強く抱きしめた / そして言った / 私はあなたが大好きだ / トニー //

⑳ Tony, / with a face red / like a tomato, / said, / "I love you too, / Ayuko." //
トニーは / 顔を赤くして / トマトのように / 言った / ぼくも君が大好きだ / アユコ //

㉑ Ayuko answered with a smile, / "No, / I'm not cold now!" //
アユコは笑顔で答えた / いいえ / 私は今はもう寒くない //

単語·熟語チェック

□ look ~ in the eyes	熟	~(の目)をじっと見る
□ sweater	名	セーター
□ get a cold	熟	かぜをひく
□ warm ~ up	熟	~を暖める
□ shiver	動	震える
□ That's very kind of you.	熟	それはどうもご親切に。
□ not as+原級+as ...	熟	…ほど~ない
□ twice	副	二度
□ behavior	名	ふるまい
□ boyfriend	名	ボーイフレンド
□ ask *A* if ~	熟	*A* に~かどうか尋ねる
□ grab	動	~をつかむ
□ hug	動	~を抱きしめる
□ tightly	副	強く，きつく
□ with a face red	熟	顔を赤くして

読解のカギ

② **"Here he comes!**

➡ 〈Here + S + come.〉は「ほらきた」という意味。

④ **She looked Tony in the eyes and said, "Yes, Tony?"**

➡ look ~ in the eyes は「~(の目)をじっと見る」という意味。eye のような身体の部分を表す語の前に the がつくことに注意。

Q1. 並べかえなさい。

母は私の目をじっと見た。(mother / in / my / eyes / me / the / looked).

______________________________.

⑤ **"All right."**

➡ All right. は「わかった」という意味の相づち。同意や許可を表すときに使う。

⑥ **Then he took off his sweater and put it on her, saying, "Maybe you've got a cold."**

(he = S, took off = V_1, put = V_2, saying, "Maybe you've got a cold." = 現在分詞の分詞構文)

➡ saying, "Maybe you've got a cold."は分詞構文。saying という現在分詞が，語句を伴ってコンマの前の文を修飾している。ここでは「~しながら」という〈付帯状況〉を表している。

➡ get a cold は「かぜをひく」という意味。you've は you have の短縮形。have got は完了を表す現在完了形。

Q2. 日本語にしなさい。

She closed the door, saying good-bye.

(　　　　　　　　　　　　　　　　)

⑦ **Again, Ayuko had no choice but to say to him, "Thank you Tony, but aren't you cold?"**

➡ aren't you ~？は「~ではないのですか」と尋ねる否定疑問文。意外な気持ちを表したり，相手に確認を求めたりするときに使う。

読解のカギ Qの解答 **Q1.** My mother looked me in the eyes(.)
Q2. 彼女はさようならと言いながら，ドアを閉めた。

⑩ **But if you are cold, it's my job to warm you up." said Tony, shivering.**
it is ～ to 不定詞

➡ warm ～ up は「～を暖める」という意味。to warm は「暖めること」という意味を表す名詞的用法の不定詞。you up を伴って文の主語になっている。形式主語の it が前に置かれ，真の主語である不定詞が後ろにきている。〈it is ～ to 不定詞〉で「～することは…である」という意味。

➡ shivering は分詞構文。現在分詞がコンマの前の文を修飾している。ここでは「～しながら」という〈付帯状況〉を表している。

⑪ **"That's very kind of you, but you don't have to do that.**

➡ That's very kind of you は「それはどうもご親切に」という意味。

➡ don't have to *do* は「～する必要はない」という意味。do that は，具体的には「ダッフルコートやセーターを脱いでアユコに着せ，アユコを暖めること」を意味する。

⑫ **I'm not as cold as you are."**

➡ 〈not as＋原級＋as ...〉は「…ほど～ない」という意味。

Q3. ＿＿を埋めなさい。

私は母ほど背が高くない。

I'm ＿＿＿＿ ＿＿＿＿ ＿＿＿＿ ＿＿＿＿ my mother is.

⑯ **He wasn't calling her name; he was asking her if she was cold!**
V *A* if 節

➡ セミコロン(;)の後ろの部分はセミコロンより前の部分の内容を詳しく説明している。この文が物語のオチとなっている。

➡ ask *A* if ～は「*A* に～かどうか尋ねる」という意味。「～かどうか」という意味を表す if 節が ask の２つ目の目的語になっている。if 節の中は〈S'＋V'〉の平叙文の語順になることに注意。she が S'，was が V'である。

Q4. 日本語にしなさい。

My father asked me if I knew her phone number.

(　　　　　　　　　　　　　　　　　　　　　　　　　　　　)

⑱ **Tony also laughed, knowing what happened.**
S V 現在分詞の分詞構文

➡ knowing what happened は分詞構文。knowing という現在分詞が，語句を伴ってコンマの前の文を修飾している。ここでは「～なので」という〈理由〉を表している。

Q5. ＿＿を埋めなさい。

お金を持っていないので，私はこの映画を見ることができない。

I can't see this movie, ＿＿＿＿ no ＿＿＿＿.

読解のカギ Qの解答 **Q3.** not as tall as **Q4.** 私の父は私に，彼女の電話番号を知っているかどうか尋ねた。
Q5. having，money

⑳ **Tony, with a face red like a tomato, said, "I love you too, Ayuko."**
➡ with a face red は「顔を赤くして」という意味。〈with + O + 形容詞〉の形で「O を〜しながら」という付帯状況を表す。

㉑ **Ayuko answered with a smile, "No, I'm not cold now!"**
➡ with a smile は「笑顔で，笑って」という意味。

Comprehension ヒント

1 アユコがボストンへ留学したときから，トニーとの秋の日のデートまでを，２人の言動に注目して順に並べる。

2 1. アユコの両親がアユコの留学に対してどのような意見を持っていたかに注目する。
(教 p.173, ℓℓ.4 〜 5)
2. アユコが学校の図書館に行ったときの行動に注目する。
(教 p.174, ℓℓ.7 〜 9)
3. メイン州にデートに行くまでのアユコとトニーの行動に注目する。
(教 p.175, ℓℓ.7 〜 9)
4. トニーがデートに持ってきたものに注目する。
(教 p.175, ℓℓ.18 〜 19)
5. アユコはトニーが何と尋ねたと思っていたかに注目する。
(教 p.177, ℓℓ.4 〜 7)

定期テスト予想問題

解答 ➡ p.160

1 日本語に合うように，____に適切な語を入れなさい。

(1) 彼らは少しの間，会話を楽しんだ。
They enjoyed a conversation ____________ a ____________.

(2) 私は息子にお腹がすいているかどうか尋ねた。
I ____________ my son ____________ he was hungry.

(3) ジョンはパンや卵，牛乳などを買った。
John bought bread, eggs, milk, and ____________ ____________.

(4) まあ，それはどうもご親切に。
Oh, that's very ____________ ____________ you.

2 日本語に合うように，(　)内の語を適切な形にかえて，____に入れなさい。

(1) 私は音楽を聞きながら英語を勉強した。　(listen)
I studied English, ____________ to music.

(2) 新聞を読んで，私は事故のことを知った。　(read)
____________ the newspaper, I learned about the accident.

(3) 私の両親は家を建てようかと考えている。　(build)
My parents are thinking about ____________ a house.

3 日本語に合うように，(　)内の語を並べかえなさい。

(1) 私たちはそのバスに乗らざるをえなかった。
(the / had / to / we / choice / bus / no / take / but).
____.

(2) 彼はその試合に勝つために最善をつくした。
(his / the / he / to / game / best / did / win).
____.

(3) タケシは駅へ行く途中でブラウン先生に会った。
(the / met / to / Mr. Brown / his / station / way / Takeshi / on).
____.

4 次の英語を日本語に訳しなさい。

(1) My uncle is the one who wrote the book.
____

(2) The teacher looked her in the eyes.
____

(3) He is not as young as you are.
____

5 次の英文を読んで，あとの問いに答えなさい。

When Ayuko was a high school student in Japan, ①she decided to study abroad in the US. Since she was very outgoing and adventurous, she wanted to get out of her country and see the big wide world. Although her parents were against her idea of studying in the US, ②(to / from / Ayuko / they / stop / unable / going / were). She had been studying English hard for five years before she left Japan. (③) a beautiful sunny day (④) May, she left Japan (⑤) Boston, Massachusetts.

(1) 下線部①の英語を日本語に訳しなさい。
( )

(2) 下線部②が「彼らはアユコが行くのをやめさせることができなかった」という意味になるように，( )内の語を並べかえなさい。

____

(3) (③)(④)(⑤)に適切な前置詞を入れなさい。
③________ ④________ ⑤________

(4) 次の質問に英語で答えなさい。
Why did Ayuko want to get out of her country and see the big wide world?

____

6 次の英文を読んで，あとの問いに答えなさい。

In her second week, she met a boy at the library. His name was Tony and he was from Malaysia. When Ayuko had to do a research paper, she went to the school library for the first time. She decided to use a library computer to find a book for her assignment. However, ①she didn't even know how to turn on the computer. ②( )( )( ), Tony appeared from nowhere. He then found where the book was, took her to the shelf, gave the book to her, and went away without saying anything.

(1) 下線部①の英語を日本語に訳しなさい。
( )

(2) 下線部②が「彼女が驚いたことには」という意味になるように，( )に適切な語を入れなさい。

________ ________ ________

(3) トニーが図書館でアユコにしてくれたことを日本語で３つ書きなさい。
・( )
・( )
・( )

Daisuke Ikenoue, *One Autumn Date*

pp.14~15 定期テスト予想問題 解答

1 (1) start with (2) making progress toward (3) little by little
(4) write down

2 (1) to visit (2) Playing (3) To be

3 (1) Are you ready to take the test(?)
(2) My brother decided to take himself on a journey(.)
(3) Mike went to the library to borrow the book(.)
(4) Saying "Thank you" is not enough(.)

4 (1) I want to climb Mt. Fuji.
(2) They enjoyed playing the guitar here.

5 (1) **「あなたは何をしたいのですか」という質問。**
(2) (Just) start with something small and familiar(.)
(3) For example (4) a

6 (1) isn't it (2) c
(3) **エベレストに登ること。** (4) She was 19 (years old).

解説

1 (2) 現在進行形の文なので make は -ing 形にする。

2 (1) want は目的語に不定詞をとって，「～したい」という意味を表す。
(3) 理由を答えるとき，「～するために」という意味を表す不定詞の副詞的用法で答えることができる。

3 (1)「～する準備ができている」は be ready to *do* で表す。 (4) 動名詞 saying が主語の働きをしている。

4 (1)「～したい」は〈want to＋動詞の原形〉で表す。 (2) enjoy の目的語として「～すること」という意味の語を置く場合には，動名詞を使う。

5 (1) 直前の疑問文の内容を指す。 (4) 命令文の後に，and を置くと「～しなさい，そうすれば…」という意味になる。

6 (2) 動詞の原形の前に to を置き，不定詞にする。 (3) 1 文目を参照。
(4) 本文中の高校生は 17 歳のときに目標を掲げ，実際にエベレストに登ったのはその 2 年後である。

pp.26~27 定期テスト予想問題 解答

1 (1) brought back (2) were able to (3) those days (4) so, that

2 (1) by (2) imported (3) Watching

3 (1) His restaurant has been successful since last year(.)
(2) I have read this book twice(.)

(3) When were these pictures taken(?)
(4) She started playing the guitar(.)

4 (1) I have studied English for three years.
(2) My brother has never made[cooked] curry.
(3) They have already done[finished] their homework.

5 (1) curry has been popular all over Japan
(2) **兵士たちがカレーを作り始めた** (3) at, time
(4) 例 Because soldiers took the recipe for curry back to their hometowns.

6 (1) mixing (2) Japanese people (3) have, eaten[had]
(4) (the) curry roux, "curry in a pouch"

解説

1 (1)「～を持ち帰る」bring back ～ (2)「～することができる」be able to *do*
(3)「その当時」in those days (4)「とても～なので…」so ～ that ...

2 (1) 〈be 動詞＋動詞の過去分詞＋by ～〉で受動態の文にする。

3 (2) 経験を表す現在完了形の文なので，〈have＋動詞の過去分詞〉で表す。
(3) 〈疑問詞＋be 動詞＋主語＋動詞の過去分詞 ...?〉の形にする。

4 (2)「1度も～したことがない」は〈has never＋動詞の過去分詞〉で表す。
(3)「すでに～してしまった」は〈have already＋動詞の過去分詞〉で表す。

5 (1) 継続を表す現在完了形の文にする。「日本中で」は all over Japan で表す。
(4)「なぜ日本の多くの地域で人々はカレーを食べ始めたのですか。」

6 (1) 前置詞 By のあとなので動名詞。 (2) they は1文目の Japanese people を指す。 (3) 経験を表す現在完了形で表す。 (4) 第2段落1文目参照。

pp.38~39 定期テスト予想問題 解答

1 (1) In fact (2) are similar to (3) looks like (4) Some, others

2 (1) against (2) to (3) the earliest

3 (1) This is a car made in Japan(.)
(2) This book is more interesting than that one(.)
(3) I have an aunt that lives in China(.)

4 (1) **英語は世界中で話される言語だ。**
(2) **木の下で寝ているイヌが見えますか。**
(3) **その作家は5人の中でいちばん[最も]有名だ。**

5 (1) chose (2) According to (3) more interested
(4) Girls[High school girls] did.

6 (1) **(学校の)制服がある** (2) the school uniforms (3) On, other hand
(4) They wear their country's traditional clothes as a uniform(.)

解説

1 (1)「実際に」in fact (2)「～によく似ている」be similar to ～
2 (1)「～に反対である」be against ～ (2)「～に所属する」belong to ～
3 (2)〈比較級＋than ...〉で表す。interesting の比較級は more interesting。
4 (1)〈*A*[名詞]＋過去分詞 ...〉で「…される *A*」。 (2) 主格の関係代名詞の文。
5 (4)「この調査では，男子高生と女子高生ではどちらがより学校の制服を気にしましたか。」
6 (1) have school uniforms を指す。 (2) 直前の複数名詞を指す。

pp.52~53 定期テスト予想問題 解答

1 (1) for coming (2) are happy[glad] to (3) covered with (4) first, to
2 (1) What (2) why (3) where (4) when
3 (1) I couldn't understand what Mr. White said(.)
(2) The year when I visited France for the first time was 2010(.)
(3) How was the restaurant where you ate dinner(?)
4 (1) **土曜日は私がバイオリンを練習する日だ。**
(2) **あれはあなたが必要なこと[もの]ですか。**
(3) **あなたは彼らがサッカーをする公園を知っていますか。**
(4) **私があなたに彼が忙しい理由を教えよう。**
5 (1) the three sites where we are going (2) ② seen ③ inspired
(3) **厚いコケのじゅうたんが敷かれた密林**
(4) 例 Because its inside is empty.
6 (1) instead of (2) b
(3) **今こそ私たちがエコツアーの重要性について考えるべき時だ。**
(4) 例 They offered boards of cedars.

解説

1 (3)「～に覆われている *A*」*A* covered with ～ (4)「最初に～した *A*」the first *A* to *do*
2 (3)〈場所〉に説明を加える where を使う。「私たちが昨日泳いだ湖は美しかった。」 (4)〈時〉に説明を加える when を使う。「1564 年は，その有名な作家が生まれた年だ。」
3 (3)〈*A*[場所]＋where＋S'＋V'〉「S'が V'する場所」
4 (2) what you need は「あなたが必要なこと[もの]」という意味。
5 (3) 第 1 段落 3 文目参照。 (4) 質問文は「私たちはなぜウィルソン株の中に入ることができますか。」という意味。
6 (2) That's because ～「それはなぜなら～からだ」

pp.66~67 定期テスト予想問題 解答

1 (1) with (2) Thanks (3) is, of (4) helps reduce
2 (1) to visit (2) he likes (3) to study
3 (1) I saw you buy a new bag (last Sunday.)
(2) Can you show me how to cook curry and rice(?)
(3) I'm not sure whether it will be sunny (tomorrow.)
(4) (Please) let me play the piano (again.)
4 (1) Can you make them laugh?
(2) My father told me to drink a lot of[much] water.
(3) His brother wants him to read this book.
5 (1) in (2) having
(3) **手術を受ける子どもたちと手術室へ行くこと。子どもたちに薬の飲み方を見せること。血液検査の間，子どもたちを落ち着かせること。**
(4) It is important for us to have Bailey (as a facility dog at this hospital.)
6 (1) **病院にファシリティドッグがいることは時に問題になります。** (2) b
(3) working (4) It costs about ten million yen.

解説

1 (3) 主語と時制に合わせたbe動詞を使う。「～におびえる」be scared of ～
2 (2) 間接疑問文では，ifの後ろは疑問文ではなく平叙文の語順になる。
3 (1)「Oが～するのを見る」は〈see＋O＋動詞の原形〉で表す。 (2)「～の方法[やり方]」はhow to *do*で表す。 (3)「～かどうかVする」は〈S＋V＋if[whether]～〉の形で表す。if[whether]の後ろは平叙文の語順にすることに注意。
4 (1)「Oに(強制的に)～させる」は〈make＋O＋動詞の原形〉の形にする。
(2)「Oに～するように言う」は〈tell＋O＋to不定詞〉の形にする。
5 (1) be involved in ～は「～に携わる」という意味の熟語。 (3) For example以降に，ベイリーのしたことが3つ列挙されている。
6 (1) 動名詞Havingがfacility dogs in the hospitalを伴って文の主語になっている。 (2) 直前の文の意味から，対比を表す副詞Howeverを入れるのが適切。
(3)「～することを終える」という意味を表すとき，finishの後ろに動名詞を置く。

pp.80~81 定期テスト予想問題 解答

1 (1) aware of (2) tend to (3) both, and (4) plays an, role
2 (1) asking (2) that (3) he will
3 (1) (Some students) like soccer, while others like basketball(.)
(2) The fact is that I didn't understand the meaning of the word(.)

(3) She found it easy to find the building(.)
(4) I asked him where I could buy the book(.)

4 (1) I think it difficult[hard] to solve this problem.
(2) We do not[don't] know what we should do next.

5 (1) expresses (2) c (3) yes (4) イギリス

6 (1) a (2) お互いの鼻をくっつけること。
(3) (話すときは)お互いをまっすぐに見ること。
(4) By bowing[We bow when we greet people].

解説

1 (1)「～に気づいている」be aware of ～ (2)「～する傾向がある」tend to *do*

2 (2) The problem is のあとに that 節を続ける。 (3) 間接疑問文の中では，平叙文の語順にする。

3 (1)「…だが，一方～」は…, while ～の形で表す。 (2)「実は～だ」は The fact is (that) ～の形で表す。 (3)「～することを…だとわかる」は形式目的語 it を使って，〈find + it + 形容詞 + to 不定詞〉の形で表す。

4 (1) 形式目的語 it を使って〈think + it + 形容詞 + to 不定詞〉の形で表す。 (2) 間接疑問文 what we should do next を目的語として，動詞のあとに置く。

5 (1) 前後に現在の文があるので，下線部①も現在形にすると意味が通る。動名詞の主語は三人称単数と考える。 (2) 接続詞 while を入れると，２つの内容を対比する形になり，文脈に合う。 (3) 同じ文の前半にある no と反対の意味の語を指す。 (4) 最終文参照。

6 (1) 受動態の文。動作を行う物の前に by「～によって」を置く。 (2) 直後の文で，マオリの人々の具体的なあいさつのしかたが述べられている。

pp.94~95 定期テスト予想問題 解答

1 (1) rob, of (2) not only, but also (3) leave, alone (4) in, own

2 (1) which (2) Playing (3) listening

3 (1) (Be careful) so as not to make the same mistake(.)
(2) (My father) has breakfast reading a newspaper(.)
(3) Visiting a fish market in Hokkaido(, I ate sushi.)
(4) (We went to Okinawa), where we stayed for two days(.)

4 (1) 彼は一生懸命に英語を勉強しているので，世界中の人々と話すことができる。
(2) 私はドラムを持っていて，それは私の部屋にある。

5 (1) バナのメッセージはシリアの大都市アレッポから送られ，そこでは激しい戦闘が行われていた。

(2) b (3) ③ covering ⑤ sending
(4) so as not to hear the bombs

6 (1) the Syrian Civil War (2) **平和，十分** (3) ③ left ④ forgotten
(4) 1. No, they are not[aren't].
2. Because Bana's messages reached the rest of the world.

解説

1 (3)「*A* をひとりぼっちにする」は leave *A* alone で表せる。

2 (1) 関係代名詞 which の非限定用法。 (2) 現在分詞を使った時を表す分詞構文。 (3) 現在分詞を使った付帯状況を表す分詞構文。

3 (1)「～しないように」は so as not to *do* の形で表す。not の位置に注意する。(2)「～しながら」は付帯状況を表す分詞構文で表せる。主文のあとに，動詞を現在分詞にして語句を続ける。

4 (1) 現在分詞の分詞構文を使って，理由を表している文。 (2) 先行詞 a drum について，関係代名詞 which の非限定用法で補足的な説明を付け加えている。

5 (1) 関係副詞 where の非限定用法は，「～，そこでは…」のように，補足的な説明を付け加えることができる。

6 (2) 1 文目で述べられている内容を指す。 (4) 最後の 2 文を参照。

pp.108~109 定期テスト予想問題 解答

1 (1) short of (2) cooperate with (3) succeeded in
(4) More and more

2 (1) helping (2) had (3) were

3 (1) He is no longer interested in my opinion(.)
(2) Wine is less expensive than water (at this shop.)
(3) I have just heard someone shouting behind me(.)
(4) (The plane) had already taken off before they got to the airport(.)

4 (1) If it were not[weren't] raining[rainy] today, I could walk to the library.
(2) I saw the boy cleaning the window.

5 (1) How do you decide what job you want(?) (2) more
(3) **社会の課題を解決する手助けをするために事業を始め，お金を稼ぐことよりも社会をよくすることに興味がある(人たち)**
(4) **(最初の)看護学校**

6 (1) participating (2) e-Education を使った生徒たち (3) a
(4) It gave him the chance to achieve his life dream.

解説

1 (3)「～に成功する」succeed in ～

2 (1) 〈see + O + 現在分詞〉で「O が～しているのを見る」という意味を表す。
(2) 過去のある時点までに完了していた動作は，過去完了形〈had + 動詞の過去分詞〉で表す。

3 (2)「…ほど～でない」は〈less + 形容詞 + than ...〉で表す。 (4)「離陸してしまっていた」を過去完了形で表す。

4 (1)「今日雨が降っていない」という現在の事実と違うことを，仮定法過去の文で表す。 (2) 目的語 the boy のあとに現在分詞 cleaning を置く。

5 (1) 〈what + 名詞〉のあとは平叙文の語順になることに注意する。 (2) 〈less + 形容詞 + than ...〉の文を，〈more + 形容詞 + than ...〉の形を使って書きかえる。

6 (2) 直前の文の the students who used e-Education を指す。 (3) be 動詞の過去形を入れて，仮定法過去の文にすると文意が通る。 (4) 最終文参照。

pp.122~123 定期テスト予想問題 解答

1 (1) dreams of (2) without saying (3) order to (4) up to

2 (1) had (2) would write (3) be canceled

3 (1) (If) she were in Japan, I might visit her(.)
(2) A lot of stars can be seen in the sky(.)
(3) This mountain is five times as high as that one(.)
(4) The door must be closed(.)

4 (1) If I were a doctor, I could help sick people.
(2) The rocket will be launched tomorrow.
(3) Your dog is twice as old as mine[my dog].

5 (1) **もし私が宇宙飛行士なら，私は宇宙に行くことができるのに。**
(2) it is difficult to become an astronaut (3) give up
(4) 例 It may take us into space more easily.

6 (1) c (2) can be used
(3) **宇宙エレベーターにはさらなる可能性がある。**
(4) 例 It can produce electricity.

解説

1 (3)「～するために」in order to *do* (4)「～まで」up to ～

2 (1) 主節が could go なので仮定法過去の文。if 節の動詞は過去形に。 (2) if 節が knew なので仮定法過去の文。主節は〈would + 動詞の原形〉に。

3 (3)「*A* の～倍…だ」は〈～ times as + 原級 + as *A*〉で表す。

4 (1) 〈If + S' + 動詞の過去形, S + could + 動詞の原形〉 (2)「～されるだろう」

〈will be＋過去分詞〉 (3)「*A* の２倍…だ」〈twice as＋原級＋as *A*〉

5 (2)〈It is ... ＋to 不定詞〉「～することは…である」の文。 (4) 質問文は「宇宙エレベーターは何をしてくれるかもしれませんか。」という意味。

6 (1) 比較級を強調するときは much を使う。 (4) 質問文は「宇宙エレベーターは下降するときに何を生み出すことができますか。」という意味。

pp.134~135 定期テスト予想問題 解答

1 (1) in, hurry (2) As, result (3) take care of (4) in time

2 (1) on (2) off (3) off

3 (1) I'll never forget what you have done for me(.)
(2) They didn't bring enough water to drink(.)
(3) We visited the house where she had lived(.)
(4) (If) I were you, I would not buy such a car(.)

4 (1) **私があなたに別れを告げなければならない時が来た。**
(2) **私たちは彼が飛んでいる鳥を撃つのを見た。**
(3) **そういうわけで私は心から彼女に感謝している。**

5 (1) ① hit ② covered (2) It, that
(3) **彼らは日本語で自分の言うことを理解してもらうことができなかった**
(4) 例 They understood that an accident had happened at sea.

6 (1) the 69 Turkish men
(2) **亡くなった乗組員たちを気の毒に思い，多くの日本人がトルコにいる彼らの家族にお金を送った。**
(3) has been passed on for generations (4) over time

解説

1 (1)「急いで」in a hurry (2)「その結果(として)」as a result

2 (2) take ～ off「～を脱ぐ」 (3) see ～ off「～を見送る」

3 (3)〈*A*[場所]＋where＋S'＋V'〉の形を使う。 (4) 仮定法過去の文。〈If＋S'＋動詞の過去形, S＋would not＋動詞の原形〉の形にする。

4 (2)〈see＋O＋動詞の原形〉は「O が～するのを見る」という意味。 (3) That is why ～は「そういうわけで～」，with all *one's* heart は「心から」という意味。

5 (2)〈It is＋形容詞＋that＋S'＋V'〉 (3) make *oneself* understood「自分の言うことを理解してもらう」 (4) 質問文は「灯台守たちは大男を見て何がわかりましたか。」という意味。

6 (2) Feeling ... members は〈理由〉を表す分詞構文。 (3)「何世代にも渡って」は for generations で表す。現在完了形の受動態にする。

pp.150~151 定期テスト予想問題 解答

1 (1) for, while (2) asked, if (3) so on (4) kind of

2 (1) listening (2) Reading (3) building

3 (1) We had no choice but to take the bus(.)
(2) He did his best to win the game(.)
(3) Takeshi met Mr. Brown on his way to the station(.)

4 (1) 私のおじがその本を書いた人だ。
(2) 先生は彼女(の目)をじっと見た。
(3) 彼はあなたほど若くない。

5 (1) 彼女はアメリカに留学することに決めた
(2) they were unable to stop Ayuko from going
(3) ③ On ④ in ⑤ for
(4) 例 Because she was very outgoing and adventurous.

6 (1) 彼女はコンピュータのスイッチの入れ方さえ知らなかった
(2) To her surprise
(3) ・その本[アユコの宿題のための本]がどこにあるのかを見つけた
・彼女[アユコ]をその本棚まで連れて行った
・その本を彼女[アユコ]に渡した

解説

1 (1)「少しの間」for a while (2)「*A* に〜かどうか尋ねる」ask *A* if 〜

2 (1)〈付帯状況〉を表す分詞構文。現在分詞にする。 (2)〈理由〉を表す分詞構文。現在分詞にする。 (3) 前置詞 about のあとなので動名詞にする。

3 (1)「〜せざるをえない」have no choice but to *do* (2)「〜するのに最善をつくす」do *one's* best to *do*

4 (1) the one who 〜は「〜する人」という意味。the one が先行詞で，who は主格の関係代名詞。 (3)〈not as＋原級＋as ...〉は「…ほど〜ない」という意味。

5 (1) decide to *do* は「〜することに決める」，study abroad は「留学する」という意味。 (4) 質問文は「なぜアユコは自分の国から出て，大きくて広い世界を見たかったのですか。」という意味。

6 (1) how to *do* は「〜のし方」，turn on 〜は「〜のスイッチを入れる」という意味。 (2)「〜が驚いたことには」to *one's* surprise (3) 最終文参照。